KB028956

남자아이 독서 전략

From Pushups to Angel's Wings
by Michael Shaffer, Ruth Jefferson
Copyright ©2022, Rowman & Littlefield

Translation copyright ©2023, SEEP Corp.
This edition was published by arrangement with Icarias Agency. All rights reserved.

이 책의 한국어판 저작권은 Icarias Agency를 통해 Rowman & Littlefield과 독점 계약한 (주)시프에 있습니다. 저작권법에 의하여 한국 내에서 보호를 받는 저작물이므로 무단전재와 복제를 금합니다.

남자아이 독서 전략

학생들의 독서 습관을 만든 교사들의 성공적인 이야기

초판 1쇄 발행 2023년 5월 30일

지은이 마이클 섀퍼, 루스 제퍼슨
옮긴이 김아영

펴낸이 김진규
경영지원 정동윤
책임편집 김정희

펴낸곳 (주)시프 | 출판등록 2021년 2월 15일(제2021-000035호)
주소 경기도 고양시 덕양구 권율대로668 티오피클래식 209-2호
전화 070-7576-1412
팩스 0303-3448-3388
이메일 seepbooks@naver.com
ISBN 979-11-92421-24-7 03370

남자아이 독서전략

학생들의 독서 습관을 만든
교사들의 성공적인 이야기

마이클 섀퍼·루스 제퍼슨 지음
김아영 옮김

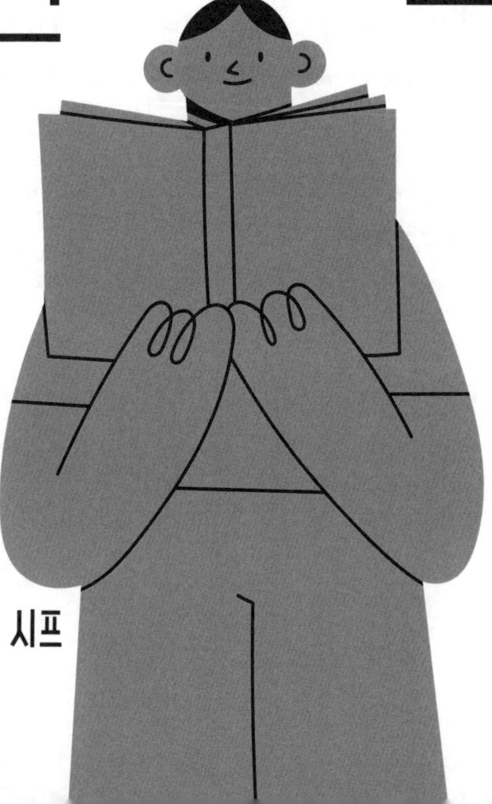

시프

이 책에 쏟아진 찬사들

국내외의 많은 연구에 따르면 평균적으로 남학생이 여학생에 비해 독서에 약하다는 사실이 더욱 분명해지고 있다. 두 저자가 이 문제를 진실하면서도 무겁지 않도록 세심하게 다뤄주어 기쁘다. 남학생의 독서 부족 문제에 대해 두 저자는 현장의 경험을 통해 통계적 차이를 줄이려고 노력한다.

_ 전前 교육감 **팀 롱 박사**

독서 전략에 관한 통찰력이 돋보이는 이 책은 학생들이 마주하는 많은 도전들을 민감하게 의식하고 대처하려는 제퍼슨 박사의 노력의 결과다. 독서에 참여하는 학생들을 이해하고자 걸음을 떼는 전문가들에게 훌륭한 도구가 되어줄 책이다.

_전 특수교육 부서장 **데이브 차스테인**

오랫동안 책과 독서에 대한 애정을 나누며 아이들에게 독서에 대한 열정을 불러일으킨 헌신적인 교육자, 마이크 섀퍼와 루스 제퍼슨의 저서는 그저 한 권의 책에 그치는 것이 아니다. 모든 아이들, 특히 남자아이들에게 훌륭한 독서 롤모델인 저자들은 읽기가 재미있고 멋진 일임을 보여주며, '훌륭한 독자'에 대한 고정관념을 깬다. 또한 어떤 책이든 독자가 읽고 싶어 한다면 모두 훌륭한 책이고, 그 선택과 흥미가 독서 사랑의 핵심임을 아이들에게 보여준다.

_스콜라스틱 북페어 전 부회장 **돈 스몰**

아이들을 일깨우는 교육자, 건전한 관계, 책의 조화와 그 영향력을 다루는 이 책은 교사들이 어떤 마음으로 교육계에 뛰어들었는지 되새기게 한다. 가르치기 위해, 그리고 학생들이 한 권의 책을 통해 자기 자신과 열정을 발견하리라는 희망으로 학생들과 지속적인 유대관계를 맺고 공부에 대한 애정을 전해주기 위해서다.

_특수교육 교사 **서맨사 파머리**

남학생 북클럽은 남자아이들도 재미있게 독서한다는 것을 보여주는 독서 모임이었어요. 쉬는 시간에 마이클 섀퍼 교장 선생님과 책 이야기를 나누는 걸 상상해보세요!

_ 작가, 교육 상담가 **마샤 소월드**

독서는 대부분의 인간이 결코 이해할 수 없을 방식으로 뇌를 발달시킨다. 성공하려면 뇌가 최적의 상태여야 한다. 가장 쉬운 길은 그저 읽는 것이다. 이 책은 남자아이들이 책을 읽게 하는 데 도움이 될 것이다.

_ 동기부여 강사, 래퍼 **식스 8**(이선 버치)

선생님들께

여러분은 아이들에게 읽는 법을 가르쳤을 뿐만 아니라 그래픽 노블, 잡지, 전자책 등 사실상 모든 형태의 책을 읽도록 허용해줌으로써 독서하는 분위기를 만들어주었습니다. 어떤 책이든 읽으면 그것이 독서이고, 독서는 전염된다는 점을 알기 때문이죠. 여러분께 진심으로 감사드립니다.

교장선생님들께

여러분은 학교에서 획일화된 시험점수보다 독서를 중요하게 여기는 길을 선택했고, 선생님들이 교실에서 독서를 하나의 생활 방식으로 만들도록 독려했습니다. 여러분은 에너지 넘치는 학생들이 독서를 중요하게 여기도록 만든 주역이랍니다!

도서관 사서선생님들께

여러분은 아이들의 시선을 끄는 멋진 책들을 선택했습니다. 일단 책에 관심이 생기면 평생 읽게 된다는 사실을 알기 때문이죠. 여러분은 모든 아이들과 그들의 관심 분야를 알고, 앞으로 어떤 책을 읽어야 할지도 알고 있습니다. 여러분은 그야말로 도서관의 신적인 존재입니다.

부모님 및 보호자들께

아이들은 여러분이 골라주지 않을 법한 책을 가져오지요. 그래도 여러분은 어쨌든 그 책이 아이에게 의미 있다는 사실을 알고, 읽도록 격려해줍니다. 모든 책이 아이들을 어떤 분야에서든 척척박사가 되게 해준다는 것을 아니까요.

모든 아이들에게

알겠지만 이 책은 남자아이들에게 독서를 권하는 책입니다. 책을 읽는 데는 어쩌면 남자아이들한테 더 많은 격려가 필요할지도 모르기 때문이에요. 하지만 이 책에는 모든 아이에게 해당되는 부분도 있답니다. 관심 있는 책을 찾아보라는 권유로 책을 읽게 됐다면 계속 읽으세요. 독서를 시작하기에 딱 좋은 책을 아직 찾고 있다면 도움을 받을 수 있습니다. 페이스북 페이지(https://www.facebook.com/groups/whenboysread)를 살펴보고 우리에게 연락해보세요.

링컨초등학교의 남학생 북클럽(BC4Boyz) 회원들에게

이 책은 여러분에게서 크게 영감을 받아 만들어졌답니다. 100명이 넘는 북클럽 회원들이 격주로 금요일 휴식시간에 특이한 대머리 교장선생님과 책 이야기를 하며 시간을 보냈죠. 그 시간이 여러분을 어떻게 바꿔놓았는지는 확실하지 않지만 대머리 교장선생님의 인생을 바꿔놓은 것만은 확실해요. 우리 학생들, 고마워요.

우리 가족에게

진부한 이야기지만 우리에게 글 쓸 공간을 주고 우리 이야기를 공유할 수 있도록 격려해준 우리 인생의 가장 중요한 사람들에게 진심으로 감사합니다. 여러분에게 사랑과 감사의 말을 전합니다. 누군지 말하지 않아도 스스로 아시겠죠?

늘 논의되고 종종 안타깝게 여겨지는 일이 있다. 바로 남자아이들이 책을 꺼린다는 사실이다. 이 때문에 우리의 존엄한 교육체계에서 걱정스러운 일들이 많았다. 남학생들을 독서로 이끄는 데 말 그대로 수백만 달러가 쓰였지만 썩 잘되지 않았다.

찰스 런던은 〈남자아이들은 읽을 때를 빼곤 읽지 않는다〉라는 통찰력 있는 글에서 사실 남자아이들도 책을 읽고, 꽤 많이 읽기도 한다는 점에 주목한다. 단지 사람들이 진짜 책, 진짜 독서라는 것을 정해놓을 뿐이다. 그런데 이처럼 '진짜' 책이 아니라고 간주되는 책들이야말로 대개 남자아이들이 선택하는 책이다.

사실 남자아이들도 책을 읽는다. 여자아이들처럼 남자아이들도 자기에게 말을 걸어주는 책에 굶주려 있다. 상상력을 자극하고 경험을 반영해주는 책 말이다. 남자아이들은 세상을 이해하고 목표를 이루는 데 도움이 될 정보, 아니면 그저 흥미를 느끼고 푹 빠질 만한 내용을 갈구한다. 코끼리 똥 이야기를 읽으면서 어마어마한 코끼리 떼가 몰려들어 땅이 쿵쿵 울리는 것을 느끼거나, 사람보다 두 배는 큰 똥 더미 이야기를 읽으면서 킥킥거리지 않을 수 있을까? 〈콘트라〉Contra 게임 마지막 판에서 거미를 쏘는 괴물과 싸울 때, 상상 속에서 정교한 괴물과의 전투를 꿈꾸지 않을 수 있을까?

오늘날 남자아이들은 역사상 그 어느 시대보다도 많이 읽는다. 어른들이 그들의 독서를 높게 평가해주지 않을 뿐이다. 나를 비롯한 교사, 사서, 작가 그리고 소년 자신들마저 문학 작품을 어떤 형식의 읽을거리보다 높게 평가해왔다.[1]

남학생들이 읽을 줄 알지만 읽지 않기로 선택할 뿐이라면 우리는 뭘 할 수 있을까? 이 책에서는 독서를 좋아하게 된 남학생들의 이야기를 들려준다. 그리고 더 읽어나가면 우리 모두가 얻을 만한 교훈이 있으리라고 감히 말해본다.

누군가와의 만남에서 마법 같은 일을 경험한 아이들도 있고, 친구들과 함께 독서하기를 좋아하게 된 아이들도 있다. (물론 읽기에 완전히 능숙해지기 힘든 아이들도 있고, 재미있는 활동으로 이끌어주지 않으면 뒤처질 아이들이 있다는 것도 안다.)

핵심은 이것이다. 남자아이들은 교사들이 읽기의 성공 기준으로 여기는 이런저런 난관을 뛰어넘는 법을 배운다. 그리하여 읽기와 독서 과정이 어느 지점에 도달하면 독서를 좋아하는 법을 배울 수 있다. 그리고 실제로 좋아하게 된다.

어떻게? 이것은 주변 사람들이 특정한 노력을 기울일 때만 일어나는 일이다. 스콜라스틱 북페어 전 회장 앨런 보이코는 그것을 가리켜 '접근성과 기회'라고 표현했다. 남학들이 읽고 싶어 하는 책을 접할 수 있도록 도와주고, 독서하면서 시간을 보낼 기회를 준다면 결과는 간단하다. 남학생들은 책을 읽을 것이다. 그것도 많이.

남자아이들이 책과 관련된 접근성과 기회를 얻으면 굉장한 일이 일어난다. 우리는 여러분이 이 책을 읽고 단순히 감동받는 것을 넘어 해결책까지 생각해보기를 강력히 권한다.

"나도 집에서, 학교에서, 우리 사회에서 남자아이들이 책을 읽게 할 수 있어."

결심만으론 부족할 때가 있다. 실행에 옮기자. 남자아이들이 재미로, 단순히 책이 좋아서 읽게 하도록 노력하자. 무엇보다도 그들이 책을 읽을 귀중한 기회를 주자. 남자아이들이 자발적이고 열정적으로 책을 읽고, 자신에게 영향력과 도움을 주는 어른들에게 이렇게 말하지 않고는 견딜 수 없게 해주자.

"제가 어떤 책을 읽는지 못 믿으실 걸요!"

2021년 6월

마이클 섀퍼·루스 제퍼슨

작가의 말

이 책을 쓰기 시작하면서 보람 있는 작업이 되리라고 예상한 바지만 이 일은 내 예상보다도 훨씬 더 뜻깊었다. 책을 완성하는 과정은 미래를 내다보고 과거를 돌아보는 놀라운 여정이었다. 계획하고 논의하는 일은 즐거웠고, 이야기들을 책으로 찍어내는 것은 굉장한 일이었다.

이 책이 만들어지는 동안 도와주고 격려해준 모든 이들에게 감사의 마음을 전한다.

왜 하필 남아의 독서 습관에 이토록 주목했는지 궁금할 수 있다. 여자아이들의 읽기와 쓰기 역시 남자아이들만큼 중요하고, 우리 역시 그것을 안다는 점을 분명히 해두고 싶다. 아마 다음 책은 여성들의 독서 사랑에 초점을 맞출 듯하다. 하지만 우리가 알고 있는 또 한 가지는 읽기와 쓰기 영역의 남녀 성취도 차이다.

우리는 수십 년 동안 꾸준히 존재해온 성취도 차이뿐만 아니라 성인 여성이 남성보다 독서를 더 많이 하고 좋아하는 경향이 있다는 점도 알고 있었다. 그래서 독서에 대한 애정 혹은 부족한 관심을 모두가 공감하고 재미있어할 만한 검증된 방식으로 다루고자 했다. (이 책에 소개된 이야기들은 실화를 바탕으로 했지만 실명을 사용하지는 않았음을 밝힌다.)

이 책에서는 성공을 거둔 방법과 프로그램을 소개하고 남학생 북클럽에 참여한 학생들에 대해 설명한다. 우리는 모든 아이들이 잠재력을 충분히 발휘할 수 있도록 'BC4Boyz'와 같은 획기적인 기획과 경험이 주목받고 확산되어야 한다고 생각한다.

읽기 및 쓰기와 관련된 실제 경험담들을 재미있게 읽어주시길, 주변의 모든 아이에게 독서에 대한 사랑을 키워줄 멋진 방법을 찾겠다는 의지에 불을 붙이시길 바란다. 다음 책도 기대하시라. 아마도 다음 책에서는 '영향력 있는 어른'이 되는 법, 혹은 그런 사람을 찾는 법을 소개할 테니까!

차례

서문

40년 이상 축적된 자료를 살펴보면 반복적으로 뚜렷하게 나타나는 사실이 있다. 바로 읽기와 쓰기 영역에서 남학생들이 뒤떨어진다는 점이다.

자료가 존재하는 모든 지역에서, 대체로 남자들은 업무 등 소수의 사례를 제외하고 거의 모든 유형의 읽기와 쓰기 과제에서 여자에 비해 통계적으로 유의미할 만큼 성취도가 낮으며, 잠재력을 충분히 발휘할 수 있는 수준에 이르지 못한다.

전국 학업성취도평가NAEP와 국제 학업성취도평가PISA의 최근 자료에 따르면 이런 현상은 미국을 비롯한 전 세계에서 꾸준히 나타난다. 이 자료를 절대적 기준으로 보든 상대적 기준으로 보든 남학생들은 읽기와 쓰기 영역에 약하다.

이 어마어마한 자료를 보면 읽기 및 쓰기와 독서 영역에서 남학생들을 더 많이 도와야 한다는 사실을 알 수 있다. 하지만 교사, 행정가, 보호자 입장에서 가장 절실한 의문에는 답할 수가 없다. 왜 대체로 남학생은 여학생보다 실력이 부족하고 바람직한 수준에 도달하지도 못할까? 그리고 가장 중요한 의문은 이것이다. 이 문제에서 우리가 할 수 있는 일은 무엇일까?

우리는 《인생을 책으로 배울 수는 없다》(Reading Don't Fix No Chevys, 2003)에서 언급한 남학생의 읽기 및 쓰기 능력에 관한 연구에 이어 《속박에서 풀려난 독서》(Reading Unbound, 2016)에서 언급한 청소년기의 오락적 독서에 관한 연구를 진행했다. 이를 통해 마이클 W. 스미스와 나는 남학생들이 뒤떨어지는 몇 가지 이유를 발견했다. 가장 중요한 이유는 다음과 같다.

1. 일반적으로 학교 수업은 남학생들이 갈망하는 몰입의 조건을 채우지 못한다. 여기서 조건이란 명확한 목표와 지속적 피드백, 적절한 도전 과제와 도움, 통제감, 눈에 보이는 성취 지표, 사회적 교류, 즉각적 몰입 등이다. 학

교 수업이 이 조건에 맞으면 남학생들의 참여도와 실력이 눈에 띄게 높아진다.[2]

2. 일반적으로 학교와 교실은 우리가 "관심과 배려에 관한 사회적 계약"[3]이라고 부르게 된 기준에 미치지 못한다. 학교가 이 사회적 계약의 조건을 충족할 때 남학생들은 훨씬 더 의욕이 넘치고 열심히 참여한다. 이러한 발견은 이 책의 토대가 되고 이 책을 통해 더욱 뒷받침된다.
3. 학교에서 독서와 문학을 좁은 의미로 정의하므로 남학생들 역시 그러는 듯하다. 이 때문에 남학생들은 스스로 읽고 쓸 수 있는 사람이라고 생각하기 어렵다. 이러한 발견 또한 이 책에서 열심히 파헤쳐볼 것이다.

핵심은 이 모든 요소들이 우리 손으로 바꿀 수 있는 부분이라는 점이다. 이런저런 연구[4]를 근거로 우리가 주장하는 바는 교육과 학습을 새로운 관점으로 보아야 한다는 것이다. 즉 교육과 학습을 '학생들에게 가장 중요한 주제를 탐구하는 과정'으로 보아야 한다. 그리고 사람들 사이의 관계를 중시하고 교육 역시 일종의 인간관계라는 점을 중요하게 여겨야 한다. 마지막으로, 남학생들이 중요하게 여기고 '실제로 읽는'

읽을거리가 포함되도록 독서에 대한 관점을 넓혀야 한다.

이 모든 요소들은 참여, 몰입, 전문적 능력을 개발하는 데 꼭 필요하다. 요컨대 우리는 문학의 정석적인 개념을 넘어 그 의미를 확장하고 가치있는 읽을거리의 범위를 넓혀야 한다. 여기에는 아동 서적과 청소년 문학, 학교에서 보기 힘든 디스토피아 문학은 물론이고 시각 자료, 디지털 자료, SNS까지 포함되어야 한다. 다시 말해서 읽기와 쓰기 공부를 지원하는 한편, 학교에서 보기 어려운 읽을거리와 남학생들의 취향을 존중하고 이를 학교에서도 이용해야 한다는 말이다.

남학생들의 읽기와 쓰기에 관한 논의에 참여하면서 마이클 새퍼와 루스 제퍼슨의 이 책을 맞이하게 되어 매우 기쁘다. 이 책은 저자들의 경험적 권위를 바탕으로 쌓아 올린 새로운 업적이다. 남학생들의 읽기와 쓰기, 특히 읽기 능력을 키우는 과제를 재미있게 다루는 이 책을 소개하는 것은 매우 가치 있는 일이다.

도전할 과제는 아직도 많다. 하루 이틀에 해결할 문제가 아니다. 하지만 이런 상황은 한 가지 메시지를 던진다. 바로 이 문제에 대해 우리가 할 수 있는 일이 많고, 그것이 남학생들의 참여, 실력, 전반적 발달, 기회 등에서 변화를 만들어낼 수 있다는 점이다. 이 책은 남학생들의 읽기와 쓰기에 관해 여러 가지 구체적인 방안을 제공하는 선물 같은 텍스트다.

저자들은 직접 해볼 수 있는 중요한 방법들을 강조한다. 창의력을 발휘하라. 절대로 포기하지 말라. 정책과 학교 교육의 울타리 안에서 할 수 있는 일들을 하라. 계속 앞으로 나아가라. 자신의 편견을 점검하라. 꾸준히 믿으라. 가능성에 열정을 쏟으라. 남학생들을 주체적 존재로 보라. 미래지향적 관점으로 기대 수준을 높이고 학습자들이 그에 부응하도록 지원하라. 자유로운 선택을 허용하라. 독자적인 읽기 프로그램을 운영하라. 도서관과 책수레에 남학생 도서 구역을 만들라. 누구나 들어가고 싶을 만한 읽기·쓰기 클럽, 남학생 북클럽을 만들라. 읽기·쓰기와 관련된 의미 있는 사회적 교류를 나누라. 독서를 사랑하는 모습을 보여주라. 책 읽는 성인 남성들을 끌어들여라. 남학생들이 관심 있는 책을 다양하게 접할 수 있도록 하라. 시리즈로 된 책, 시각 자료가 있고 웃긴 책을 중심으로 하라. 소리내어 읽기와 생각 표현하기 기법을 사용하라. 아이들과 섞여 함께 읽으라. 아이들이 진짜 관심 있고 재미있어 하는 읽을거리를 함께 읽도록 도와주라. 어떤 아이에게든 필요할 때 적절한 도움을 제공하도록 힘쓰라. 이것은 특히 소극적이고 어려움을 겪거나 비주류에 속하는 아이들이 겪는 형평성 문제를 해결하기 위해서다. 가족 등 학교 밖 집단에 협력을 요청하라. 성장과 평가를 강조하여 참여와 학습을 더욱 활성화하라. 읽기와 쓰기가 단순한 기능이 아니며, 책이 아이들을 변화와 가능성으로 이끌 수 있다는 점을 알리라. 즉 남학생들은 독서를 통해 자신이 뭘 알고 싶은지 깨닫고, 하고 싶은 일을 하고, 되고 싶은 사람이 될 수 있다. 아이를 키우는 데는 온 마을이 필요하다는 사실을 기억하라. 그리고 그 마을의 능동적 일원이 되어 다른 사람들도 참여시킬 길을 찾으라.

내가 좋아하는 연구 가운데 영국의 동질 집단(코호트) 연구 자료를 이용한 것이 있다. 1970년에 일주일 동안 잉글랜드, 스코틀랜드, 웨일스에서 태어난 1만7천 명 이상의 삶을 추적한 연구다. 이 자료를 이용한 연구[5] 결과에 따르면 재미로 하는 독서, 즉 오락적 독서는 실제로 인지 능력 향상 및 미래의 가능성 실현과 관련이 있다. 이는 성별, 사회경제적 지위, 부모의 교육 수준보다 더 중요한 요소다.

독서는 전반적으로 인지 능력을 향상시키기 때문에 부수적으로 좋은 일이 많이 생긴다. 예컨대 독서를 하면 수학 성취도도 향상된다. 정책적 관점에서 보면 이런 긍정적 효과는 아이들, 특히 남아의 독서를 지원하고 독려해야 한다는 주장을 강력히 뒷받침한다. 이처럼 여러분이 지금 읽는 이 놀라운 책은 현재 상황을 이해하게 해주고 여러 가지 실용적 방법들을 제시하여 우리가 앞으로 나아가도록 도와줄 것이다.

J.D. 빌헬름

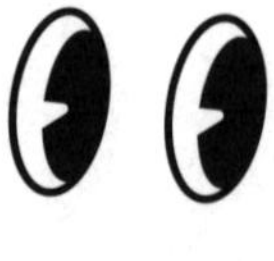

독서가 시작되는 순간

1장

누구보다도 거리에 어울리는 아이 토미. 순수하고 때 묻지 않은 에너지 그 자체, 재치덩어리. 눈을 뗄 수 없는 환한 미소, 가닥가닥 땋은 흑인 특유의 머리. 시끄럽고 짓궂을 정도로 장난스러운 아이. 토미가 다니는 학교의 한 선생님은 교장선생님에게 이렇게 말하기도 했다. "우리 머리 꼭대기에 앉아 있다니까요!" 아마 맞는 말이었을 것이다. 하지만 늘 그렇지는 않았다. 여기서 이야기가 시작된다.

2011년 가을, 미국 중서부 대도시의 한 학교에서 토미라는 3학년 아이의 담임이 교장에게 토미의 일을 상의했다. 훌륭한 이 선생님은 읽기 목표를 달성하면 상으로 피자를 주는 규칙을 만들었는데 토미라는 아이를 지도하기가 힘들다고 말했다. 토미는 자신을 포함한 8남매를 돌보느라 정신없이 바쁜 엄마에게 독서 검사를 받아오지 못하고 있었다. "토미가 읽기 연습을 더 할 수 있도록 매일 교장실에서 선생님께 책을 읽어드리면 어떨까요? 토미에게 큰 도움이 될 텐데요." 교장은 처음에는 거절할 생각이었다고 했다. 대답하기도 전에 떠오른 거절의 이유는 이랬다. '이 학교에서 내가 맡은 아이들이 700명이야. 한 아이에게 매일 읽기 지도를 해줄 시간은 없지. 나머지 699명에게도 공정하지 않은 일이고.' 하지만 실제로는 마지못해 이렇게 말했다. "할 수는 있겠죠. 자료를 준비해주신다면." 토미의 담임은 읽을거리를 준비하기로 약속했고, 바로 다음 날부터 읽기 연습이 시작됐다.

가끔 세상이 완전히 바뀌었는데도 그 일의 중요성을 아무도 모를 때가 있다. 토미의 담임과 이야기한 다음 날 교장에게 일어난 일처럼 말이다. 교장은 이후 그 순간을 수없이 돌이켜봤노라 고백했다.

토미는 읽을거리를 끌어안고 교장실로 왔다. 학교에서는 약삭빠르게 처신하던 아이였지만 교장실 문을 열고 들어올 때는 수줍은 모습이었다. 교장선생님은 토미를 알고는 있었다. 대부분의 아이들은 혼날 때 빼고 교장실에 올 일이 없었다. 토미도 자잘하게 교칙을 어겨 한두 번 불려오기는 했어도 자주 들락거리는 아이는 아니었다. 토미는 담임선생님이 준비해준 자료를 한 뭉치 들고 있었다. 종이에는 단어 수를 쉽게 계산할 수 있도록 한 줄이 끝날 때마다 숫자가 쓰여 있었다.

읽기가 시작되었다. 토미는 읽다가 멈추고, 머뭇거리고, 자꾸만 몸을 배배 꼬았다. 교장실 책상 옆에 서서 불편한 기색이 역력한 채 어려운 음절들을 발음하려 애쓰면서 단어 하나하나를 힘겹게 읽어냈다. "어휴, 한참 걸리겠네!" 교장선생님의 솔직한 심정이었다. 하지만 1분 정도의 읽기 연습이고 그 정도 시간은 낼 수 있다고 생각하며 마음을 다스렸다. 토미는 아주 많은 단어를 읽지는 못했지만 분명 앞으로 나아가고 있었다. 반복되는 단어를 제외하고 실수한 단어를 포함하여 총 59단어를 모두 읽어냈다.

읽기를 끝낸 토미는 기진맥진한 상태였다. 교장도 마찬가지였다. 힘든 일이었다. 담임이 도움을 요청할 만했다. 1분 만에 두 사람 다 지쳐버렸는데, 담임은 토미를 하루 종일 지도해야 했으니 말이다. (교장선생님은 퍼뜩 이런 생각이 들었다고 한다. '한심한 생각인 건 알지만 선생님들이 이걸 어떻

게 해내는지 모르겠네!')

이쯤에서 하나 덧붙이자면, 2020년 코로나19가 세상을 휩쓸자 전 세계의 학교들이 문을 닫았고 학습 방식이 가정이나 온라인을 중심으로 개편되었다. 그에 따라 교사의 일은 대체할 수 없다는 인식이 대두되었다. 어떤 액수로도 그들의 노고를 적절히 보상할 수 없을 것이다. 가끔 아이러니를 지적하듯 이렇게 말하는 사람들도 있다. "교실 문이 닫힐 때야말로 기적이 일어날 때지."

전 세계 학부모들은 교사가 매일 하는 일들을 해내려고 애쓰며 잠시 그들의 입장에 서보는 경험을 했다. 교실 문이 닫힐 때 일어나는 일들은 그야말로 진정한 기적이다. 돌봄이나 가르침을 받을 사람이 없었던 아이들은 기적과도 같이 교사의 열정에 사로잡히고, 문득 학교생활이 그렇게 고역이 아닐지도 모른다고 믿기 시작한다. 이제 부모들은 훌륭한 교사야말로 세상에서 가장 놀라운 기적을 일으키는 사람들이라고 확신한다. 앞으로도 그럴 것이다.

둘째 날이 되었다. 교장선생님은 토미나 담임이 읽기 연습을 잊어버렸길 바랄 지경이었다고 시인했다. 늘 그렇듯 바쁜 하루였다. 교장선생님은 항상 계획적인 일처리를 적극 지지

해왔지만 하루 일과는 갑작스러운 비상사태와 아이들의 상태에 달려 있다. 교장이라면 누구나 공감할 것이다.

조심스럽게 문 두드리는 소리가 나서 나가 보니 토미가 읽을거리를 한 뭉치 들고 읽기 연습을 하러 와 있었다. 그 순간 교장선생님에게는 묵직한 진실이 와 닿았다. 의욕에 차 이곳에 서 있는 아이는 폰티액 거리의 모든 골목과 폐공장, 동네 아이들의 자전거, 마약상들의 자동차, 빈 판잣집 등을 훤히 꿰고 있는 아이였다. 학교는 '모든 학생을 높은 수준으로 교육한다'라는 사명을 이루려 힘쓴다는 자부심이 있는 곳이었다. 이곳에서 토미는 마음이 편치 않았다. 자신감을 떨어뜨리고 좌절과 패배감을 안기는 일을 매일 해야 했으니까. 이런 아이가 희망을 가질 수 있을까?

하지만 토미는 나아갈 준비가 되어 있었다. 가만히 있을 수 없을 정도였다. 토미는 읽기 시작했다. 느릿느릿, 초인적인 노력으로 모든 음절과 단어를 하나하나 읽었다. 최소한 읽어나가기는 했다고 말하는 편이 더 정확했으리라. 토미의 온몸이 움직이고 있었다. 토미는 말 그대로 가만히 서 있질 못했다. 발은 앞뒤로 움직였고 어깨와 엉덩이는 머릿속 랩에 맞춰 씰룩거렸다. 마침내 교장은 더 참지 못하고 토미의 읽기를 끊어야 하는 지경에 이르렀다.

"토미, 어떻게 좀 해야겠다. 너 때문에 돌아버리겠어!" 교장은 정말로 이렇게 말했다. 말조심할 새도 없이 불만이 고스란히 입 밖으로 터져나온 것이었다. 토미는 커다랗고 푹신한 의자에 앉은 교장선생님을 보며 싱긋 웃었다. 교장이 앞으로 수백 번이나 더 보게 되고, 결국 반가워하게 될 미소였다. 토미는 이렇게 말했다. "어, 몸을 좀 움직여볼게요!"

"마음대로 해라." 교장선생님은 냉정하게 대답했고, 다음 상황이 이어졌다. 말해두자면 토미에게는 몇 가지 신체적 장애가 있었다. 예컨대 선천적으로 목에 문제가 있어서 머리를 똑바로 세울 수 없어 휴식시간과 체육시간에 활동을 자제해야 했다.

토미는 한쪽 입꼬리를 한껏 올리며 씩 웃더니 자기 방식대로 변형한 팔 벌려 뛰기를 시작했다. 그다음엔 윗몸 일으키기, 그다음엔 팔굽혀펴기를 했다. 당연한 이야기지만 이쯤 되니 교장은 상당히 불안해졌다. 토미는 평범한 팔굽혀펴기로 시작해서 그다음엔 어딘가를 짚고, 그다음엔 양손을 가까이 모으고, 그다음엔 한 손으로, 표현하기도 어려운 온갖 방식으로 팔굽혀펴기를 했다. 마지막에는 양쪽으로 의자 두 개를 짚고 다리를 들어 올려 공중에 뜨는 동작까지 했다.

지쳤다기보다 당황하고 불안한 마음에 숨죽이던 교장선생님 쪽으로 돌아온 토미는 분명하게 말했다. "이제 읽을 준비가 됐어요." 읽기가 시작되었다. 매끄럽지는 않지만 차분했다. 훌륭한 대화합 그 자체였다. 토미는 더 이상 뛰어오르거나, 춤추거나, 몸을 이리저리 꼬지 않고 그저 읽었다. 두 사람 모두에게 마법이 일어나기 시작한 순간이었다. 이후 몇 주, 몇 달이 지나면서 읽기 연습은 일상에 자리를 잡았다. 교장은 학생 지원팀과의 회의나 사례 회의를 마치고 통학버스에서 내린 학생들을 맞이했다. 그리고 꾸물거리는 아이들을 재촉해서 아침식사를 마치게 하고 일과를 시작하도록 교실로 들여보냈다.

이때쯤 종이 뭉치를 들고 읽을 준비를 한 토미가 교장실로 들어왔다. 처음 몇 달은 어느 모로 보나 힘든 시간이었다. 긴 단어와 어려운 부분이 간간이 등장해서 애를 먹였다. 그중에서도 마을에서 '양단(브로케이드) 짜기의 최고 명인'인 한 여자에 대한 이야기는 두 사람 다 결코 잊지 못할 것이다. 심지어 교장선생님도 양단이 뭔지 몰라 찾아봐야 했고, 도시에 사는 3학년짜리 남자아이에게 양단을 설명하려고 애써야 했으니 말이다.

교장은 토미가 읽는 동안 시계를 보면서 매주 실력이 얼마나 늘었는지 적었다. 두 번, 세 번, 네 번 읽다 보면 나아지리라는 실낱같은 희망이 있었다. 토미는 읽기 실력과 함께 집중력과 자신감도 함께 높아졌다.

읽기 실력이 좋아진 것이 오로지 교장선생님과 매일 보낸 그 짧은 시간 때문이라고 한다면 한참 잘못된 생각일 것이다. 헤아릴 수 없는 사랑과 역량과 시간을 쏟아준 담임선생님도 중요했고, 밑바닥에서 시작해 힘든 시간을 함께 보내며 토미의 읽기 능력을 키워준 특수교육 선생님의 기여도 컸다. 그리고 물론 교실 밖에서 토미에게 동기와 의욕을 불어넣어준 교장선생님도 있었다.

드디어 토미가 교장선생님 앞에서 마지막으로 책을 읽는 날이 되었다. 토미의 실력은 조금씩 나아지다가 크게 향상되었고 그 이후에도 더 좋아졌다. 3학년의 마지막 점수(학교 성적이 아니라 교장선생님과의 책 읽기 점수)는 1분에 무려 단어 138개를 읽는 수준이었다. 교장은 혹시 토미가 속도에만 치중해서 내용을 제대로 파악하지 못할까 걱정이 되었다. 그래서 방금 읽은 내용을 얘기해달라고 했다. 토미는 읽은 내용을 하나도 빠짐없이 정확하게 말했다.

여름방학을 맞아 학생들이 집으로 돌아간 직후에 주 정부 학력평가 점수가 학교에 도착했다. 교장이 보고 싶었던 점수는 딱 하나였다. 나중에 인정했듯 교장선생님은 토미의 점수부터 찾았다. 교장은 이 이야기를 하면서 아직도 눈시울을 붉힌다. 토미는 주 단위 시험에 통과했다.

교장은 곧바로 토미의 선생님에게 전화를 걸어 목멘 소리로 소리쳤다. "통과했어요!" 누군지도 말하지 않았지만 담임은 누구 이야기인지 바로 알아차렸다.

금세 여름이 가고 다시 학기가 시작되었다. 교장은 많은 고민 끝에 토미의 4학년 담임을 정했다. 토미가 2학년이었을 때 잘 지도해준 선생님이었다. 그럼에도 4학년 생활은 시작부터 쉽지 않았다. 토미의 행동은 대체로 읽기와 학교생활에 방해될 때가 많았다. 교장과 담임은 토미를 다시 발전적인 방향으로 돌려놓을 계획을 하나 생각해냈다. 다시 아침마다 읽기를 연습하기로 한 것이다.

이제 토미가 읽기를 제법 잘하고 있었으므로 선생님들은 조금 다른 방법을 썼다. 즉 시간을 재는 대신 내용을 더 잘 이해하도록 노력하기로 했다. 토미는 더듬거리며 읽은 내용도 확실히 이해했다.

눈코 뜰 새 없이 바쁜 와중에도 선생님들은 학기 내내 토미와 함께 읽기와 묻고 대답하기를 해냈다. 가끔 읽기 실력만큼 학교 밖에서의 행동이 좋아질 때면 교장은 교장실에 있는 어린이 서가에서 읽을 만할 책을 골라 토미에게 주었다. 교장은 이렇게 개인적으로 관심을 계속 쏟으면서 최대한 재량을 발휘하여 토미를 책으로 이끌었다. 토미는 또다른 책을 받으리라는 기대로 일주일 내내 열심히 행동을 조심했다.

교장은 스콜라스틱 도서전에서 중학생용으로 분류된 책들을 살펴보다가 크리스 린치라는 작가의《베트남 전쟁 이야기》(I pledge allegiance)라는 책을 발견하고는 나중에 읽으려고 책상 위에 올려놓았다. 이 책을 본 토미는 표지의 군인 사진에 매료되었다. "저는 저 책을 읽고 싶어요!"

교장은 토미에게 너무 어려운 책이라는 생각부터 들었다. 읽기도 어려웠고 주제도 4학년 남학생에게 권장되는 수준보다 훨씬 진지했기 때문이다. 하지만 토미는 그런 점들을 전혀 받아들이려고 하지 않았다. 교장실 서가에 그 책만큼 토미의 흥미를 끄는 책은 없었다.

한참 망설이던 교장선생님은 결국 두 손 들고 책을 주었다. 토미는 당장 읽기 시작하겠다고 약속했다. 교장선생님은 토미가 그 책을 이해하려나 싶어서, 너무 어려우면 월요일에 다른 책으로 바꿔주겠다고 약속했다. 이쯤에서 덧붙이자면, 남학생들의 흥미를 사로잡는 책의 힘을 절대로 과소평가해서는 안 된다.

월요일에 교장선생님은 일이 생겨 평소처럼 토미의 실력을 점검해주지 못했다. 그러다 여느 날처럼 4~5학년 점심시간 지도를 하려고 식당에 들어서는 순간 토미가 잔뜩 들떠서 달려왔다.

"그 책 다 읽었어요!" 토미는 떠들썩한 학교 식당에서 외쳤다. 누가 제일 충격을 받았을까? 그럴 리 없다고 생각했던 사람이었을 것이다. 교장은 토미가 그 책을 다 읽을 수나 있을까 싶었고, 읽더라도 몇 주는 걸리리라고 예상했다. "에이, 다 읽지는 않았잖니!"

학생들 250명이 와글거리는 구내식당에서 토미는 꼬박 10분 동안 교장선생님에게 책 이야기를 했다. 교장은 책에 대해 이렇게 자세히 이야기하는 4학년 학생을 본 적이 없었다. 그는 믿을 수 없는 기분으로 물었다. "도대체 이걸 언제 다 읽었니?"

토미는 입꼬리가 귀에 걸리도록 활짝 웃으며 대답했다. "제 방에서 읽고, 교회에서 읽고, 삼촌 집에서도 읽었죠!" 처음에 교장은 교회에서 책을 읽으면 안 됐을 텐데, 라고 생각했지만 아마 토미가 처음으로 예배 시간 내내 조용히 앉아 있었을 거라는 생각도 들었다.

이 이야기에는 드와이트 아이젠하워가 자서전에 쓴 것과 같은 위대한 진리가 있다.

> 나는 우리가 뒤떨어지는 아이를 가망 없는 아이로, 다루기 힘든 동물을 쓸모없는 동물로, 척박한 땅을 회복 불가능한 곳으로 깎아내릴 때가 많다고 오래도록 확신해 왔다. 캠프 콜트(1차 세계대전 당시의 군사 시설.—옮긴이)에서 서툰 신병들과 지낸 일, 그리고 블랙키(말)와의 경험도 마찬가지였다. 대부분 시간을 들여 자기 판단이 틀렸다고 입증하려는 의지가 부족하기 때문이다. 시원찮은 아이가 훌륭한 남자로 자랄 수 있고, 동물이 훈련받을 수 있고, 들판이 다시 비옥해질 수 있다는 것을 입증하려는 의지 말이다.

교사들은 학생들에게 가르치는 것보다 배우는 점이 많다고 늘 말하지만, 교장들은 보통 그 정도로 운이 좋지는 않다. 하지만 토미와의 경험은 교훈 한두 번으로 끝난 일이 아니었다.

모두가 성적을 올리려고 하고, 지역 표준이나 그보다 나은 성적을 거두려 하고, 예상보다 높은 출석률과 눈에 보이는 지표를 달성하려고 눈에 불을 켠 많은 사람들에게 토미는 한 아이에게 다가가는 것이 가장 중요하다는 사실을 가르쳐주었다. 이것이 교육 현장에서 아무리 이루기 힘든 일이더라도 교육자들은 이 사실을 결코 잊지 않을 것이다.

토미는 여름방학을 맞아 학교를 나서는 교장선생님을 보고 멈춰 섰다. 그때까지 토미에게 여름방학은 공부나 읽기와 거리가 먼 기간이었다. 교장이 방학 계획을 묻자 토미는 간단히 대답했다. "사촌동생 집에 가서 게임하고 책 읽을 거예요."

전쟁에선 지더라도 중요한 전투에서 이겨서 기분이 끝내줄 때가 있지 않겠는가!

교장선생님은 토미가 졸업한 후에도 그의 가족과 오랫동안 연락을 지속하며 계속 책을 갖다주었다. 토미와 마지막으로 직접 이야기를 나눈 날, 교장선생님은 토미와 일곱 형제자

매에게 줄 책 꾸러미를 가지고 들렀다. 그 책들을 보고 육아 도우미가 말했다. "걔는 이런 책 못 읽어요. 너무 어려워요."

교장은 온 얼굴에 미소를 띠고 말했다. "토미라면 이 안에 있는 책을 전부 읽고도 남지요!"

나중에 교장은 토미의 엄마가 어디선가 책장을 가져와 교장선생님에게 받은 책을 모두 책장에 꽂고 토미에게 관리를 맡겼다는 사실을 알게 되었다. 토미의 형제자매들은 토미의 허락을 받고 책을 빌려가 읽었다. 토미는 종종 가족들을 모아놓고 선생님처럼 책을 읽어주었다.

토미의 이야기는 입에서 입으로 퍼져나갔고, 이 책이 쓰인 계기가 되었다. 교류가 한 소년의 독서 생활을 바꿔놓은 이 일은 도서관에 남학생 구역이 생기고, 남학생 북클럽이 생기고, 교장선생님이 이 이야기를 전 국민과 공유하도록 하는 원동력이 되었다.

한 장씩 끝맺으며 여러 이야기에서 배운 점과 그를 뒷받침하는 연구를 살펴보고, 모든 이의 삶에 존재하는 남자아이들을 교장과 담당 교사, 보호자가 어떻게 도울 수 있을지 간략히 소개할 것이다.

배운 점

토미와 교장선생님의 이야기에서 우리는 독서와 동기부여, 인생에 관한 귀중한 교훈을 얻었다. 토미는 그리 눈에 띄지 않는 아이였다. 토미의 담임선생님은 절박했다. 토미의 많은 가족 중 상으로 피자를 받도록 읽기를 도와줄 사람은 없었다. 하지만 토미는 그 피자가 꼭 먹고 싶었다. 이토록 간단했다. 토미는 피자를 원했다. 이것은 눈에 보이는 보상이었다.

이 일 이전에 교장선생님은 토미에게 별 의미 없는 사람, 목적을 위한 수단일 뿐이었다. 다행히도 담임선생님은 아무도 보지 못한 불씨와 열리는 문을 보았다. 그리고 토미가 읽기를 잘할 수 있도록 기꺼이 재료를 제공했다. 그건 바로 단어 수가 쓰인 읽기 자료였다. 토미의 담임은 자신의 행동이 모두의 인생을 바꿀 만한 것이었음을 결코 알지 못했다.

이 책에 실린 이야기와 제안에서 어떤 교훈을 얻든, 가장 중요한 점은 '독서의 전사들'이 있었다는 점이다. 이들은 모든 학생의 삶을 완전히 바꿔놓는 선생님들이다. 교장은 토미뿐만 아니라 자신의 삶도 바뀌었다고 여러 번 고백했다.

이 모든 일은 토미 담임선생님의 제안에서 시작되었다. 나머지는 여러분이 읽은 그대로다.

관련 연구

이 일이 우연이었다고 말하기는 쉽다. 그러나 이는 하룻밤 사이에 펑 하고 페니실린이 만들어졌다고 말하는 것이나 마찬가지다. 토미의 담임과 교장이 의도했든 아니든, 두 사람은 로버트 브룩스가 '영향력 있는 어른'이라고 부른 존재였다. 즉 아이의 발달과 성장 과정에서 큰 변화를 일으키는 사람이다.

토미처럼 읽기뿐만 아니라 특별히 도움이 필요한 학생에게 두 명의 영향력 있는 어른이 이보다 적절한 시기에 나타날 수는 없었다. 읽기 능력과 이해력이 높아진 토미는 더 좋은 능력을 키울 수 있었다. 바로 누구도 상상하지 못한 수준까지 실력을 높이도록 힘을 보태줄, 독서에 대한 열정과 즐거움이었다.

한 발 더 나아가기

이 이야기를 바탕으로 남학생들을 오락적 독서로 이끄는 방법을 생각해보면 "이제 어디로 가야 하나?"라는 의문을 품게 된다. 초기 단계는 인간관계 안에서 평범하고 단순하게 시작된다. 쉬워 보이지만 여기에는 귀중한 시간이 든다.

이 단계를 위한 프로그램이 이미 있지만 더 많이 필요하다. 독서를 위해 남학생들에게 영향력 있는 어른을 연결해주는 프로그램이라면 뭐든 장려되어야 한다. 우리 두 저자가 만나본 대부분의 남자아이들은 독서의 '방법'을 몰라서라기보다 동기부여 과정에서 어려움을 겪는다. 그럼 우리는 정확히 뭘 해야 할까? 개인적 관계나 공통 관심사를 통해, 즉 무슨 책을 읽느냐고 물어봐주는 사람이 되어 동기를 부여해주어야 한다. 방법은 무궁무진하니, 하나 골라보시길.

먹고 살기 위한 일

2장

1장에서 소개했듯 교장선생님은 토미와 알고 지낸 6년 동안 처음에는 교장으로서, 나중에는 그저 그 가족이 걱정되어서 꾸준히 연락하려고 노력했다.

교장선생님은 토미와 직접적인 연결고리가 없어진 뒤에도 그 아이 삶의 일부라는 생각에 기분이 좋았다. 그래서 토미의 수준에 맞을 책을 한 자루 들고 토미네 집에 들러 책을 전해주겠다고 마음먹었다.

교장의 결정을 이해하는 데 도움이 되도록 약간 설명하자면, 이것은 얄팍한 자선이나 동정에서 나온 행동이 아니었다. 토미의 가족과 마지막으로 만난 지 몇 년이 지났을 때 교장선생님은 그 지역 대학교에서 '정치적 시각으로 본 교육'에 대해 강의하면서 토미 이야기를 소개했다. 놀랍게도 수강생 중에 토미의 현재 담임이 있었다. 토미는 여전히 독서를 열심히 한다고 했다. 현 담임선생님이 이 이야기를 전하자 토미에게서 바로 연락이 왔다.

여름이 코앞으로 다가오자 토미는 여름방학 동안 읽을 책을 추천받고 싶어 했다. 이때 토미는 7학년이었다. 교장선생님은 두꺼운 표지의 《시체와 폐허의 땅》(조너선 메이버리가 쓴 끝내주는 좀비 시리즈) 시리즈를 골랐다. 얼마 전에 직접 읽은 책이었다. 교장선생님은 이것 말고도 《기네스북, 세상에서 가장 역겨운 것 100가지》와 여자아이들 줄 책도 몇 권 골랐다.

사실 교장선생님은 별 생각 없이 토미네 가족이 좋아하겠다 싶은 책들을 가득 챙긴 것뿐이었다. 교장선생님과 부인은 볼일이 있어 나갔다가 책을 전해주러 토미네 집에 들렀다.

두 사람이 차를 세웠을 때 앞마당에 토미의 엄마와 할아버지가 있었다. 교장과 부인이 차에서 내려 말을 건네려고 다가가자 토미의 엄마는 교장선생님 쪽을 보며 말했다. "토미 담임선생님, 맞죠?" (교장선생님은 담임을 맡은 적이 없었으나 굳이 정정하지 않았다.)

토미의 엄마는 계속해서 말했다. "토미는 집에 없어요. 언제 올지 몰라요."

그러더니 금세 신발에 붙은 껌을 긁어내고 다시 앞마당을 파내며 떨어진 돈이 없나 살피는 데 열중했다. 교장선생님은 도대체 왜 앞마당에 동전이 묻혀 있다는 건지, 껌은 또 왜 그렇게 많이 떨어져 있는지 도무지 알 수가 없었다.

교장선생님은 책을 가져왔다고 설명하면서 특히 토미를 위해 고른 책들을 가리켰다. 토미의 엄마는 전혀 관심을 보이지 않았다. 교장선생님 부부는 토미를 만나지 못해서 실망했지만 토미의 누나에게 부탁해서 토미가 집에 오면 책을 전해달라고 했다.

차를 몰고 떠나면서 교장선생님은 퍽 실망했다. 어쨌든 아끼는 아이들을 돕는 훌륭하고 좋은 일을 한다고 자부했으나, 갑자기 현실이 보이기 시작했다.

교장선생님이 지도하는 많은 아이들이 매일 마주하는 세계는 바로 이런 것이었다. 누가 봐도 비참할 정도로 가난했다. 동네에는 당장 수리하고 관리해야 할 낡은 집들이 잔뜩이었다. 토미 엄마는 책에 관심이 별로 없는 정도가 아니었다. 그녀는 독서의 중요성보다 다른 곳에 정신이 팔린 듯했다. 토미 엄마가 그보다 훨씬 중요하게 생각한 일은 껌을 긁어내고 동전을 줍는 것이었다. 심지어는 교장선생님이 가져온 책을 보고 놀라기까지 했다. 물론 토니와 교류해왔기에 교장선생님이 더욱 잘 알고 골라온 터였지만, 토니가 읽기에 너무 두꺼워 보이는 책도 분명 있었다.

교장선생님은 나중에 이 일을 떠올리며 바로 이때 시야가 넓어졌다고 말했다. 일반적으로 교육자들은 시험에 대비해 아이들을 공부시키고, 모의고사를 보게 하고, 기술적 측면들을 점검하고, 산더미 같은 자료를 찾아 분석하느라 많은 시간을 보낸다. 그러다 보면 당장 먹고 사는 일이 더 중요한 가족들이 있다는 사실을 가끔 잊는다. 그날 교장은 자신이 매일 당연하게 누려온 특권을 깨달았다.

이 깨달음은 전국의 모든 지역에서 교육자들이 경험하는 것이다. 현실의 교육자들은 아이들 마음을 사로잡기 위해 전쟁을 치르지만, 정작 중요한 곳에서 벗어나 있는지도 모른다. 교육자들이 학교와 교실에서 살아남기에만 급급한 탓에 교육이 진정으로 지향해야 할 바를 잊어버린 것은 아닐까?

어린아이에게 시험 잘 보는 법을 가르쳐주기 위해, 공교육 개선위원회에 들어가기 위해 빨리 교사가 되고 싶다는 사람은 없다. "선생님들에게 '이번 시험에서 실수만 해봐요, 우리 둘 다 잘릴 테니'라고 엄하게 다그치는 자리에 앉게 돼서 신나요"라고 할 교장도 없다.

학교장이나 교사가 아이와 접점을 만들 때 성취도 격차가 줄고 학교 환경이 개선된다. 이때 아이는 읽기와 쓰기를 배우고 책을 좋아하게 된다. 진정한 교장과 교사는 현실 속 아이들에게 진정한 변화를 일으킨다. 이들만이 아이들의 지저분한 옷, 헝클어진 머리, 낡은 중고 신발 따위에 개의치 않고 '누군가에게 중요하게 여겨지고 싶은 마음'을 알아줄 수 있다. 그 마음을 알아주어야만 앞마당에서 껌을 긁어내고 땅을 파며 동전을 줍는 데서 그치지 않고 더 나아갈 수 있다.

배운 점

이렇게 생각해보자. 교육자들이 스스로 특권을 깨닫고 인정하며, 책 한 권 끝까지 읽어본 적 없는 학생들에게서 독서에 대한 열정을 발견하고 가난 속에서 재능을 발굴할 만큼 노력하다고. 그리고 독서에 열정이 있는 교사들의 목표가 시험을 위한 공부를 시켜야 하는 상황 속에서도 그 열정을 학생들과 제대로 나누는 것이라고.

오늘날의 학생들은 영감을 받을 곳이 없는 것 같다. 많은 사연과 경험을 통해 분명해진 점은, 독서에 대한 진정한 열정이 있는 사람이 의욕을 불어넣어주면 남학생들도 책을 읽는다는 사실이다. 이 책의 목표가 바로 이것이다. 즉 의욕을 불어넣을 이야기를 들려주고 그 의욕이 아이들 사이로 번져나가기를 바라는 것이다.

관련 연구

《모든 아이들은 독서 왕이다》(Every Child a Super Reader, 2016)라는 훌륭한 책에서 팸 앨린과 어니스트 모럴은 이렇게 말한다. "서로 책을 추천해주고, 믿고, 어려운 부분에서 서로 도와줄 때 독서 실력이 향상된다."[6]

아이들도 어른과 똑같은 방식으로 영향을 받아 '독서 왕'Super Readers이 된다. 책 추천에는 믿음을 기반으로 하는 특별한 힘이 있다. 교장선생님이 토미와 교류하면서 처음에 그랬듯이, 할 일이 쌓여 있을 때는 따로 시간을 내서 하는 일들이 그리 가치 있어 보이지 않을 수도 있다. 하지만 토미와 교장선생님에게 감명 받은 사람들이 얻은 장기적 이득, 그리고 교장선생님이 얻은 교훈을 생각하면 그것은 가치 있는 일이었다. 단지 다소 시간이 들 뿐이다.

시간 얘기를 하자면, 학생에게 아주 간단히 책을 추천할 수도 있다. 선생님이 책의 일부를 읽어준 다음 학생들이 책을 고르는 서가에 넣어두는 식으로 책을 '축복'해주는 것이다. 사서선생님이 저자나 주제가 같은 책 여러 권을 한데 묶

어놓을 수도 있다.

운 좋게도 학교에 열정적인 사서선생님이 있으면 책을 사랑하는 마음이 자연스럽게 학생들에게 전달된다. 어느 교장선생님이 사서선생님에 대한 이야기를 들려주었다. 그 사서선생님은 책을 책장에 꽂고 보관하는 물건이 아니라, 교사나 학생이 사용할 수 있는 놀라운 도구로 여겼다. 심지어 이 선생님은 학기가 끝날 무렵까지 책이 돌아오지 않아도 걱정하지 않는다고 말했다. 어쩌면 그 책이 여름 내내 읽히고 또 읽히는 행복한 시간을 보낼지도 모르니까. 교장은 깊이 공감했다.

한 발 더 나아가기

이 책의 저자 중 한 명은 자신의 독서 영웅, 앨런 보이코와 대화를 나눌 기회가 있었다. 스콜라스틱 북페어의 회장직에서 은퇴한 그와의 대화에서 특히 인상적이었던 점은 그가 아이들에게 책을 접하게 해주는 데 더없이 헌신했다는 점이었다. 스콜라스틱 전 부회장 앤 리 위싱어는 앨런과 함께 일한 경험에 대해 이렇게 말했다.

> 우리는 많은 독자들을 키워내려고 했어요. 최고의 아동 서적, 열정적이고 목표의식이 강한 팀, 때론 강렬한 투지와 결연한 의지를 통해서요. 나사 엔지니어들이 아폴로 13호 임무 중에 한 말이 있죠. 우리도 마찬가지였어요. 실패라는 선택지는 없었어요. 아이들의 삶이 달려 있었거든요.[7]

오랫동안 스콜라스틱 북페어의 많은 직원들은 앨런의 꿈, 즉 책에 대한 '접근성'을 제공하는 이 위대한 작업에 동참했다. 앨런은 당시에도, 은퇴한 지금도 아이들의 손에 책을 건네주는 것이 우리가 할 수 있는 가장 중요한 일이라고 믿는다. 이 책의 저자 중 한 명이 시작한 남학생 북클럽(BC4Boyz, 뒤에서 자세히 말할 것이다)에 대해 알게 된 앨런은 저자가 여러 자리에서 남학생들의 독서에 대해 이야기하도록 개인적으로 도움을 주기도 했다. 사실 이 책을 써야 한다고 말해준 사람도 앨런이었다.

자, 그렇다면, 남학생들의 손에 그들이 관심 있어할 책들을 쥐여줄 때 어떤 이득을 얻을 수 있을까? 교육 관계자라면 그것이 어렵지만 할 만한 일이라는 사실을 알 것이다. 시험과 시험 준비, 그리고 저자 중 한 명이 '끊어 읽기 신드롬'이라고 부르는 현상은 독서에 대한 애정을 완전히 박살내버릴 수 있다. 이런 일에 맞서기 위해서는 남학생들에게 흥미를 끌 만한 책과 그것을 읽을 귀중한 시간을 주어야 한다.

남학생들이 흥미를 느끼게 하려면 어떻게 해야 할까? 이 책을 다 읽을 때쯤이면 바로 이 임무에 착수하는 법을 알게 되길 바란다. 해야 할 일이 많이 있으니 계속 읽어나가시라.

책을 사랑하는 법 가르치기

3장

2005~2006년 무렵 한 중학교 교장에게 제임스와 하는 일이 잘돼가느냐고 물었다면, 노력이 결실을 맺길 바라지만 확신할 수 없다고 대답했을 것이다. 하지만 그때 일은 지금까지도 교장선생님에게 힘이 되고 있다.

제임스는 인디애나주의 도심에 있는 학교에 다니는 7학년 학생이었고, 교장은 그곳에서 일하고 있었다. 어느 날 교장은 제임스가 자신과 같은 작가를 좋아한다는 사실을 우연히 알게 되었다. 교장이 최근에 읽은 책을 복도를 지나가던 제임스가 들고 있었던 것이다. 두 사람 다 깜짝 놀랐다. 교장이 읽은 책을 중학생인 제임스가 읽고 있었고 책에 대해 지적인 대화도 나눌 수 있었기 때문이다.

교장은 매주 제임스에게 뭘 읽는지 물어보기 시작했다. 그리고 제임스와 교류하고 관계를 쌓으며 어떻게든 학교생활을 잘 해나가도록 도와주려고 했다. 제임스는 성인 수준의 독서를 즐기는 아이였지만 공교롭게도 문제를 자주 일으켰고 모든 교과목에서 제대로 과제를 해오지 않는 일이 잦았다.

제임스를 가르치는 선생님들과 대화를 나눠본 교장선생님은 선생님들이 제임스의 지적 수준이나 실력을 긍정적으로 보지 않는다는 사실을 알게 되었다. 제임스는 과제를 제대로 끝내지 않을 때가 많았고 끝냈더라도 제출하는 일이 드물었다. 제임스는 수업 시간에 주로 지루해하거나, 화가 나 있거나, 무례한 태도를 보였다.

교장선생님은 선생님들에게 약간 다른 방향으로 물었다. 제임스가 지루하기 때문에 그런 태도를 보일 수도 있지 않겠느냐는 질문이었다. 더 실력 있는 학생들을 위한 수업을 들을 수 있다면, 혹은 그렇게 해야만 제임스가 잠재력을 온전히 발휘할 수 있을지도 모르는 일이었다. 교장선생님은 테이텀의 "출중한 학생들을 위한 프로그램에서는 흑인 남학생들이 거의 보이지 않는다"[8]라는 말에 공감했다. 교장은 자신의 재량으로 제임스가 상급 수업을 듣도록 해주었다.

당장 마법같은 일이 일어난 것은 아니었고, 사실 교장의 조치는 처음엔 전혀 효과가 없었다. 제임스는 일반 수업에서 그랬듯이 상급반에서도 심드렁한 태도를 보였다. 성실하지 않았고 수업에도 잘 들어오지 않았다. 교장선생님은 제임스가 실제로는 매우 똑똑한 학생이라고 믿었고 선생님들에게도 그렇게 말했지만 그런 모습은 도통 보이지 않았다. 선생님들은 제임스에게서 천부적 재능을 느끼지 못했기 때문에 굳이 교류하려 하지도 않았다. 열정적인 독서가이자 재능 있는 흑인 소년은 다른 영역에서도 배움의 열정을 불태울 수 있을 터였지만 지금은 앞날이 캄캄했다.

도시에서 종종 그러듯 교장선생님은 곧 다른 곳으로 전근하게 되어 제임스와 연락이 끊겼다. 하지만 그는 제임스가 어떻게 되었는지 자주 궁금했다. 그 학교는 제임스가 뭔가를 시작하기에 충분할까? 제임스의 마음을 사로잡은 건 없을까? 교장선생님은 과거를 돌이켜볼 때마다 독서에 대한 굉장한 흥미와 역량을 갖춘 소년에게 다가가지 못한 일이 제일 마음에 걸렸다고 말했다.

교장선생님의 노력이 결실을 맺지는 못했지만, 우리는 이 이야기를 통해 이처럼 남학생들이 성적과 관련 없이 독서하도록 이끌고 가르쳐주는 일이 많은 영역에서 일어나고 있다는 현실에 주목하게 된다. 또한 이 이야기는 교육자들이 시험 성적만을 추구할 때 놓치기 쉬운 문화적 인식도 일깨워준다.

테이텀은 아프리카계 미국인 학생, 특히 남학생의 성공을 이끌어내려면 시험에만 치중하지 않는 문화가 필요하다는 관점으로 이 현상을 본다. "더 중요한 요소들을 배제한 채 많은 소년들과 관련 없는 성적 올리기에 초점을 맞출수록 (…) 흑인 남성들은 계속 힘들어질 것이다."[9]

정보나 재미를 위해 독서하려면 흥미, 어리석음(잘못 쓴 것이 아니다), 운이라는 독특한 조합이 필요하다고 생각해보자. 가끔 학생의 성공을 위한 종합적인 계획과 상관없는 일이 우연히 일어나 어떤 일의 토대가 되기도 한다.

한 교장선생님은 자신이 일하던 초등학교의 2008년 개학 첫날 이야기를 해주었다. 모든 계획이 여름 내내 꼼꼼히 실행되었다. 선생님들을 채용하고, 긴 여름학교 수업을 위해 교실도 깨끗이 청소해 마련했다. 이런저런 계획을 세우고 수정하기를 반복했다. 선생님들을 위한 준비는 감탄이 나올 정도였다. 작년 성적을 참고하여 학생들을 세심히 여러 반으로 나누었다.

교장선생님은 버스와 자동차에서 우르르 내린 아이들이 모두 제 교실을 찾아가는 모습에 안도의 한숨을 내쉬었다. 눈물을 찔끔 흘리는 선생님도 있었다. 아이들은 정중하게 국기에 대한 맹세를 암송했고, 엄숙하게 공지도 발표됐다. 새학기가 시작되었다.

심각한 일이 벌어진 것은 그때였다. 국기에 대한 맹세가 끝나갈 때쯤 로버트의 아빠가 학교 앞에 있는 버튼을 징- 하고 눌렀다. 당시 로버트는 특수교육이 필요한 학생이어서 따로 많은 시간을 내서 돌보아야 했다.

로버트의 아빠는 로버트가 학교로 들어오지 않겠다며 차 안에 앉아 있다고 설명했다. 교장선생님이 나가서 로버트를 설득해줄 수 있겠느냐고도 물었다. 교장선생님은 작년에 로버트에게 얻어맞은 적이 있고 그 아이가 머리끝까지 화난 모습도 몇 번 보았기 때문에 썩 내키지 않았다. 사실은 교장답지 않게 '글쎄요, 그럼 집으로 데려가시면 될 텐데'라고 생각했으나, 당연히 그렇게 말하지는 않았다. 앞문을 나서자 이미 로버트가 상황을 악화시키기로 마음먹은 모습이 보였다. 로버트는 차에서 내려 차 지붕 위로 올라가고 있었다.

훗날 교장선생님의 설명에 따르면 학교 정문 쪽에는 그 지역에서 가장 복잡한 교차로가 있었고 그날 아침도 꽤 붐비는 상태였다고 한다. 교장은 속으로 이렇게 외쳤다. '개학 첫날부터 저녁 뉴스에 나오게 생겼구나!' 개학한 지 10분밖에 안 됐는데 첫 번째 위기가 전속력으로 닥쳐오고 있었다.

로버트는 조심스럽게 차로 다가서는 교장선생님을 보더니 욕설을 퍼붓기 시작했다. 한눈에 봐도 로버트는 욕설을 내뱉으면서 더 화가 치솟는 모양이었다. 교장은 로버트를 차에서 내려오게 한 다음 교실로 들여보낼 방법을 재빨리 궁리하면서 차로 다가갔다. 머릿속에 오만 가지 생각이 떠올랐다.

'개학 첫날 아이를 데려다주러 온 학부모들이 자동차 위에서 이리저리 뛰어다니면서 욕하고 소리 지르는 저애를 보고 어떻게 생각하겠어? 지나가는 사람들은 저 아이가 정서적·심리적 문제가 있어서 다루기 힘든 아이인 걸 이해할까?'

교장선생님은 운전석 쪽으로 다가가다가 우연히 뒷좌석을 흘끗 보았다. 뒷좌석에는 치즈버거 포장지며 말라빠진 감자튀김 사이에 책이 한 권 있었다. 뱀에 대한 책이었고, 책 뒤편에 스콜라스틱 출판사의 작은 빨간색 로고가 있었다. 교장선생님의 머릿속에 한 가지 생각이 퍼뜩 떠올랐다. 그야말로 생각할 겨를도 없이 혹시나 하는 마음으로 불쑥 말을 건넸다.

“로버트, 문제가 하나 있는데 말이야. 점심시간까지 한 시간 반밖에 안 남아서 운동장에서 뱀을 찾아낼 시간이 부족해. 선생님 좀 도와줄 수 있니?”

로버트는 조금도 망설이지 않았다. 욕설을 뚝 그치더니 흔쾌히 대답했다. “당연하죠!” 로버트는 교장선생님이 내민 손을 잡고 차에서 내려왔다. 교장은 로버트의 손을 잡고 건물 옆쪽으로 데려가서 함께 뱀 사냥을 시작했다. 특수교육 담당자는 로버트의 아버지를 귀가시켰고, 위기를 모면해 안도했다.

교장선생님에 따르면 뱀 사냥은 조금 이상하기는 했지만 정말로 재미있었다고 한다. 두 사람은 건물 근처의 상록수 아래에서 조그만 동물 뼈를 발견했다. 그것은 여름에 잔디를 깎은 뒤 흩어진 풀 찌꺼기와 먼지투성이 갈색 잎사귀에 덮여 있었다. 흙과 이파리, 풀 조각이 널린 주변을 파내자 처음에는 작은 뼈 몇 개뿐이었지만 나중에 몇 개가 더 나왔다. 살점이나 털이 묻어 있지도 손상되지도 않은 깨끗한 뼈였다. 두 사람은 뼛조각을 하나씩 주워 모았다. 나중에 학교 과학부 부장이 질병의 위험이 있으니 최소한 고무장갑은 착용했어야 한다고 알려주었다. 하지만 교장선생님은 로버트가 얌전해지고 기분이 좋아졌으며 욕설을 멈추었다는 사실에 그저 행복했다.

두 사람은 뼛조각들을 교장실에 가져가서 책상 위에 올려놓았다. (이때까지도 장갑이나 위생에 대해서는 생각지 못했다.) 그들은 구글 이미지 검색창에 '작은 동물 뼈'라고 쳤다. 어깨뼈로 짐작되는 조각을 근거로 두 사람은 그것이 새끼 주머니쥐의 뼈라고 판단할 수 있었다.

바로 그날 로버트는 담임선생님과 반 친구들 모두에게 과학자가 되겠다고 선언했다. 교장선생님은 그날 새로운 친구이자 과학 꿈나무를 만났다. 그 후 로버트는 아무리 화가 났더라도 그 분노를 교장선생님에게 쏟아내지 않았다. 그리고 계속해서 뱀과 다른 여러 가지에 대한 책을 읽었다. 두 사람은 교장과 학생 사이에 가능한 최고의 우정을 쌓으며 뱀과 책, 주머니쥐 뼈에 관한 공감대를 나누었다.

나중에 교장은 미국 동부에서 스콜라스틱 영업 및 창고 관리 직원들에게 개학 첫날의 사건에 대해 이야기할 기회가 있었다. 행사 진행자의 질문은 이러했다. "교장으로서 어떤 하루를 보내시나요?"

다른 참석자들은 하루가 길다든가, 보조 교사를 확보하느라 일찍 일어나야 한다든가, 밤늦게까지 회의한다는 이야기를 했다. 이 교장선생님은 얼떨결에 로버트와 주머니쥐, 뱀에 대한 책 이야기를 했다. 교장은 큰 문제로 번질 수 있었던 상황을 바로잡은 것이 무엇이었는지 강조해서 말했다. 오래된 햄버거 포장지와 남은 감자튀김 사이에서 뒹굴던 책, 바로 스콜라스틱 출판사에서 나온 뱀에 대한 책을 우연히 발견한 덕분에 상황을 해결할 수 있었다고 말이다.

그 책은 위기에 처한 소년과 교류할 기회가 되어주었고, 심각해질 수 있는 상황을 피하게 해주었다. 교장선생님은 "학생들이 읽는 책을 만드는 사람들은 그저 책이 아니라 꿈과 희망, 더 나은 삶을 많은 아이들에게 제공하는 것"이라는 견해로 이야기를 끝맺었다. 이야기가 끝나자 회의장에 있던 많은 이들이 눈시울을 붉혔다.

자, 우리는 여기서 왜 이런 이야기를 할까? 책을 팔아서 먹고 사는 사람들에게 이 이야기가 미친 영향을 왜 말하는 것일까? 자신과 같은 책을 읽은 남학생을 이끌어주는 데 실패한 교장의 이야기는? 개학 첫날 교실로 들어가지 않고 아빠의 차에 올라가 욕설을 퍼부은 아이 이야기는?

이 책에 나오는 많은 이야기와 마찬가지로 여기에는 아주 단순한 목적이 있다. 바로 사건이 일어나는 그 순간의 기회를 포착하자는 것이다. 우리는 기회를 잡아야 하고, 그 비슷한 것이라도 보인다면 기회를 찾아보아야 한다. 교장과 교사들에게는 매일 그런 기회가 널려 있다.

아주 심오하지는 않지만 이렇게 생각해보자. 남자아이들은 단순한 존재다. 지금까지 인정되어온 심오한 진리가 여기에 있다. 남성들은 어떤 문제나 주제, 기회에 딱 들어맞는 일을 발견하는 이야기를 좋아한다. 이런 많은 기회들은 어떤 것이 남자아이들의 흥미를 끄는지 드러내기 위해 존재한다. 남자아이를 독서로 확 끌어줄 만한 호기심의 문을 여는 흥밋거리 말이다.

로버트를 아빠 차에서 내려오게 했던 교장선생님은 어느 날 남학생들이 학교 식당 창문으로 자기 차를 쳐다보는 것을 느꼈다. 교장선생님의 차는 몇 년 됐지만 아직 멋져 보이는 오픈카였다.

한 아이가 친구에게 람보르기니라고 말했다. 교장선생님은 웃으며 람보르기니가 아니고 연식이 있는 BMW라고 말했다. 하지만 그 사실도 남학생들에게는 충분히 흥미로웠다.

조금 뒤에 교장선생님은 그 아이들 중 한 명이 국어 시간에 과제를 안 내기로 유명하다는 것을 알고 그 아이에게 한 가지 약속을 하자고 했다.

교장선생님의 제안은 이러했다. 한 달 반 동안 국어 과목 과제를 모두 끝내고 담당 선생님께 확인을 받으면, 교장선생님이 (부모님의 허락을 받아) 오픈카를 타고 집으로 데리러 가서 전교생이 참석하는 마이너리그 야구경기장까지 태워주겠다는 이야기였다. 덧붙여 경기 중에도 땅콩이며 팝콘, 핫도그 같은 간식을 사주기로 했다. 그 아이가 할 일은 국어 과목과 읽기 과제를 끝내는 것뿐이었다. 아이는 당연히 좋다고 했다. 그 아이는 다음 한 달 동안 열심히 과제를 해냈다. 담당 선생님은 그 아이가 모든 과제를 하나도 빠짐없이 제 시간에 제출했다고 알려주었다.

드디어 약속한 날이 왔다. 저녁 날씨가 쌀쌀했지만 교장선생님은 약속대로 지붕을 연 채 차를 몰고 아이의 집으로 갔다. 날이 더 추워질 터였으므로 아이를 다시 들여보내 겉옷을 입고 오게 했더니 아이는 아주 얇은 재킷과 운동복 반바지 차림으로 다시 나왔다.

아이는 경기장으로 가는 길에 만난 모든 동네 사람과 친구들에게 손을 흔들었다. 두 사람은 신나게 경기를 관람하고 집으로 가면서 대화를 나눴다. 아이는 어른이 되면 꼭 오토바이를 맞춤 제작하고 싶다고 말했다. 교장선생님이 알기로는 아이가 아무에게도 한 적 없는 이야기였다. 도서관의 남학생용 서가에서 오토바이 조립에 대한 책을 읽은 적 있느냐고 묻자 아이는 그런 책이 있는지도 몰랐다고 대답했다. 그래서 교장선생님은 다음 날 만나서 그런 책이 어디 있는지 알려주겠다고 말했다. 독서로 향하는 문이 또 하나 열린 셈이다.

배운 점

어린 시절부터 책을 읽도록 이끌어주는 '영향력 있는 어른'이 모든 아이들에게 중요하다는 사실은 이미 언급한 적이 있다. 특히 학교생활에 문제가 있거나 위태로운 상황에 처한 남학생들의 경우 영향력 있는 어른의 역할이 더 중요한 듯하다. 이 장에서 소개한 이야기들에서 학생들의 삶에 강력한 남성 롤모델이 있지는 않았다. 그보다는 상황이 절박해지거나 기회가 왔을 때 교장이나 담당 교사가 우연히 알아차렸을 뿐이다.

절호의 기회인지 아닌지 확실히 모르더라도 기회가 왔을 때 잡는 것은 분명 좋은 일이다. 간단하게는 학교를 이끄는 교장이나 교사들이 학생들과의 대화에 대한 생각을 바꿔볼 수도 있다. 이 책의 뒷부분에는 남학생 북클럽이 생기면서 교장선생님이 남학생들과 책에 대해 대화하는 방식이 달라졌다는 이야기도 나온다. 이보다 더 간단한 방법도 있다.

한 교장선생님은 생일에 연필을 나눠주는 대신 교장실에 책장을 두고서 교장실에 오는 학생들에게 책을 골라 가게 했다. 이렇게 하는 데는 돈이 많이 들지 않았다. 직접 도서전이나 책을 저렴하게 파는 곳에서 책을 사서 채웠기 때문이다. 이 사실을 알게 된 선생님들은 자기 책을 가지지 못하는 학생들이 책을 공짜로 얻을 수 있도록 종종 교장실로 보냈다. 이처럼 작은 한 걸음이 큰 변화를 만들어낸다.

관련 연구

팸 앨린은 저서《남학생들을 위한 최고의 책들》(Best Book for Boys)에서 남학생들의 독서 생활에 결정적으로 중요한 요소가 접근성이라고 말한다.

> 남학생들을 책과 온갖 유형의 텍스트에 둘러싸이게 하라. 자발적으로 독서할 수 있도록 곳곳에 책을 놔두라. 책, 잡지 등 남자아이에 대한 이야기를 쉽게 접할 수 있게 하라. 신문, 사용설명서, 야구 카드, 아이패드, 컴퓨터도 괜찮다. 생활 공간에서 쉽게 접할 수 있는지를 중요하게 고려해야 한다. 또한 읽을거리를 접하는 시기, 장소, 방식 역시 적절해야 한다.

단순히 책이 많다고 접근성이 좋은 것이 아니다. 제대로 된 책이 있어야 한다. 이렇게 하는 최선의 방법은 남학생들이 뭘 좋아한다고 말하는지 주의 깊게 듣는 것이다. 남학생들이 특정한 책에 관심을 갖게 유도하기보다는 다양한 장르, 작가, 이야기를 폭넓게 접할 수 있도록 해주어야 한다.[10]

사실 이 글의 핵심은 접근성을 높여주자는 데 있지만 그것은 문제의 일부에 불과하다. 교장 및 교사들은 ① 남학생들을 위한 책에 대해 알아야 하고, ② 남학생들을 좋은 책으로 향하게 하는 데 관심을 가져야 하며, ③ 남학생들을 그 방향으로 인도하겠다는 의지를 최대한 다져야 한다.

한 발 더 나아가기

앞으로 우리는 모든 개념과 의욕이 교장과 교사들 모두에게 받아들여지기 바라며 많은 주제를 다룰 것이다. 그리하여 바라건대 독서의 '방법'뿐만 아니라 독서에 대한 '갈망'을 강조하는 프로그램과 조치들이 지속적으로 지원을 받아,

남녀 학생 모두 평생 책을 즐기는 독자가 되었으면 한다.

아동낙오방지법No Child Left Behind, NCLB이 시행된 이후 교육 과정의 범위가 상당히 좁아졌다. 그에 따라 읽기 및 쓰기 교육은 읽기에 대한 과학적 연구를 근거로 5개 영역에서 집중적으로 이루어지게 되었다. 그 5개 영역은 발음phonics, 음소 인식phonemic awareness, 유창성fluency, 어휘vocabulary, 이해력comprehension이다. 이 다섯 개의 중심 영역은 중요하다. 모두 측정할 수 있고, 측정 방법도 여러 가지로 개발되었다.

우리 사회는 각 영역을 몇 번이고 검사하고 측정하는 데 꽤 능숙해졌다. 하지만 유감스럽게도 그 과정에서 가장 중요한 것, 독서에 대한 열정과 사랑을 가르치는 법을 놓치고 말았다. 우리가 이 책을 통해 되찾고자 하는 한 가지가 있다면, 기계적 측정을 넘어 모든 학생들에게 독서에 대한 사랑을 다시 일깨워줄 방법이다.

책 읽기 천사가 되자

4장

긴 속눈썹 아래, 커다란 눈망울의 검은 두 눈동자가 젊은 선생님을 힐끔 보았다. 브랜든은 말없이 엄마 옆에 서 있었다. 브랜든의 엄마는 고통스러운 눈빛으로 아들의 특수교육 선생님을 보며 말했다. "브랜든에게 어떻게 해줘야 할지 알아내야 해요."

"그게 무슨 뜻인가요?" 선생님은 최대한 부드러운 말투로 속삭이듯 말했다. 이것이 브랜든 가족과의 첫 만남이었다. 두 모자와 마주한 선생님은 어딘가 이상하다고 느꼈다.

막 2학년이 된 브랜든의 엄마는 깊이 한숨을 쉬고 먼 곳을 보며 털어놓았다. "브랜든이 읽는 법을 절대로 배울 수 없을 거래요. 작년에 어떤 선생님이 그러시더라고요."

장애가 있는 학생들에게 읽기를 가르치던 이 선생님은 다양한 학교와 단체에서 일해왔고, 이날은 스미스 초등학교에 첫 출근한 날이었다. 이 지역은 옛날 영화에 나오는 동네처럼 줄지어 선 나무 사이로 아름다운 집과 깔끔하게 손질된 잔디가 돋보이는 곳이었다. 짐작건대 이 아이의 엄마는 집에서 가족들을 돌보며 아이들의 학교생활을 힘껏 도울 수 있을 터였다.

브랜든 엄마의 말에 적절한 대답을 찾느라 고심하는 선생님의 얼굴에는 충격 받은 티가 역력했다. 특히 대화의 주인공이 옆에 서서 모든 이야기를 듣고 있었으니 말이다. 선생님은 머뭇거리며 말했다. "일단 앉아서 도움될 만한 일이 있는지 의논해보시죠." 선생님은 이렇게나 어린 아이에게 전문가라는 사람이 그런 말을 했다는 사실을 좀처럼 믿을 수 없었다.

브랜든의 엄마는 다른 부모들에게서 들은 이야기를 했다. 가장 소중한 존재들이 안전한 가정을 떠나 고등학교를 졸업하기까지의 긴 여정을 시작하는 시기, 희망에 찬 유치원 시절을 지나 학습이 확실히 어려워지는 시기에 이르면 아이와 부모들은 혼란에 빠진다. 결국 읽기를 제대로 해내지 못한 많은 아이들과 부모들은 분노보다 체념에 가까운 감정을 느낀다.

심지어 브랜든처럼 유급하라고 강요받는 경우도 있었다.

분명 브랜든은 전반적인 읽기 능력이 심각하게 뒤처져 있었다. 똑똑한 아이였지만 종이에 뭐라고 쓰여 있는지 도무지 이해하지 못했다. 이것은 브랜든이 소리를 제대로 구별하거나 표현하지 못하기 때문에 일어나는 문제였다.

해결해야 할 일이 많기는 했지만 브랜든은 총명한 아이였고 긍정적인 태도를 보였다. 읽기를 뺀 모든 영역에서 호기심이 많고 의욕이 넘쳤다. 하지만 선생님은 경험으로 미루어 브랜든이 읽기를 잘 못하기 때문에 다른 영역에 대한 열정도 금세 꺾이리라고 생각했다. 서둘러야 했다. 낭비할 시간이 없었다. 선생님은 배움의 즐거움으로 반짝이는 브랜든의 아름다운 검은 눈동자가 빛을 잃지 않도록 최선을 다했다.

브랜든이 참여하도록 고른 프로그램은 복잡하거나 돈이 많이 들지 않았다. 그럴 필요가 없었다. 이 프로그램에서는 체계적으로 단어를 이해하는 데 중점을 둔 이야기를 수준별로 접할 수 있었다. 많이 들어본 이야기들을 읽고 또 읽으면서 연습할 수 있었다. 브랜든은 그 이야기들을 재미있게 읽었고 열심히 참여했다.

프로그램의 일환으로, 브랜든은 읽은 이야기를 매일 밤 집에 가져가서 가족들에게 읽어주었다. 힘들었지만 브랜든은 매우 열심히 참여했고 가족들도 마찬가지였다. 분명히 알아둬야 할 두 가지는, 이 과정이 정말 힘들었고 가족과 함께 하는 프로그램이었다는 점이다. 낯선 꼬부랑 글씨들과의 싸움이 계속되었지만 브랜든은 그것을 모두 읽어내겠다는 마음을 결코 포기하지 않았다.

엄마와 아빠와 형은 매일 저녁 브랜든이 읽어주는 이야기를 열심히 들으며 격려해주었다. 손에 땀을 쥐게 하는 이야기들이 시리즈로 이어졌기에, 브랜든은 더 읽고 싶다는 의욕이 샘솟았다. 가족들 역시 브랜든만큼 다음에 어떤 이야기가 펼쳐질지 손꼽아 기다렸다.

2학년이 끝나갈 무렵 브랜든은 다시 실력을 점검받았다. 2학년보다 훨씬 낮은 수준에서 시작한 브랜든은 분명히 진전을 보이고 있었다. 초보적인 읽기 능력을 갖추었고, 그것을 적용할 수 있었으며, 더 자신 있게 책을 대하는 모습이 보이기 시작했다. 가장 중요한 점은 그 아름다운 눈동자가 여전히 열정으로 빛나고 있다는 것이었다. 선생님은 함께 이뤄낸 성과가 기뻤지만 아직 갈 길이 멀다는 사실도 알았다.

이후 몇 년간 브랜든의 학업에서 급격한 변화가 일어나지는 않았다. 그보다는 한결같고 꾸준한 변화가 일어났다고 하는 편이 적당할 것이다. 다행히 선생님들이 장기 근속 가능한 환경이었기에, 읽기 선생님은 오랫동안 브랜든과 함께 노력할 수 있었다. 부모님도 브랜든과 선생님을 계속 지원했다. 브랜든의 실력은 느리지만 꾸준히 좋아졌다.

3학년이 끝날 무렵 브랜든의 읽기 실력은 3학년 수준에 가까워졌고 읽기 능력이 필요한 과학·사회연구 등 다른 과목도 열심히 하게 되었다. 브랜든은 중요한 3학년 읽기 시험을 쉽게 통과했다.

단 1년 만에 브랜든은 모든 면에서 꾸준히 평균 이상의 실력을 보이며 4학년을 마쳤다. 자신감도 높아졌다. 대외활동도 잘 해냈고 과학박람회에도 참여했다. 브랜든은 더 이상 수줍음 많고 '느린' 학생이 아니었다. 성격이 더 활달해졌고 초등학교에서 마지막 1년을 보낼 준비도 갖췄다.

마침내 브랜든은 5학년이 되어 1년을 보냈다. 힘들었던 모든 노력은 그만한 성과를 거두었다. 우등생 명단에 오른 브랜든은 등교 마지막 날 자랑스럽게 성적표를 내보였다. 브랜든의 엄마와 선생님은 졸업식 날 브랜든이 단상으로 걸어 나와 우등생 중 한 명으로서 졸업증명서를 받는 모습을 보며 함께 눈물을 흘렸다. 우등생이라니!

브랜든은 5학년 과정을 무사히 통과한 정도가 아니라 더 이상 아무 도움도 필요하지 않은 학생이 되었다. 주변 어른들은 브랜든이 초등학교에서 우수했던 것은 물론이고 중학교에서도 잘 해낼 만한 실력을 갖추었다는 사실을 알았다. 모두가 한 팀이 되어 브랜든에게 어떻게 해줘야 할지를 알아냈고 그것을 실현할 계획을 다 함께 실행했다.

브랜든과 가족들, 선생님의 시간과 삶은 계속 흘러갔다. 선생님은 다른 학교로 배정받아 스미스 초등학교에서 알게 된 가족들과 연락이 끊겼다. 가끔 신문에서 스포츠 관련 업적으로 브랜든의 이름이 보이면 그 아이가 운동까지 할 만큼 높은 성적을 유지한다는 사실에 흐뭇했다. 그 외에 브랜든의 근황이나 미래 계획 등에 대해서는 전혀 몰랐다.

그러다 한 번의 우연한 사건으로 놀라운 추억을 쌓게 되었다. 어느 아름다운 봄날, 그녀는 우편물 사이에서 작은 편지 봉투 하나를 발견했다. 보낸 사람의 주소를 보아도 누구인지 알 수 없었다. 이 봉투는 우편물에 섞여 며칠 동안 그대로 탁자에 놓여 있었다.

마침내 이 작은 봉투를 열었더니 놀랍게도 이렇게 쓰여 있었다. “브랜든의 고등학교 졸업 기념 오픈하우스 파티에 참석해주시면 감사하겠습니다.” 고등학교 졸업을 앞둔 브랜든이 오래전 스미스 초등학교에서 함께 지냈던 일을 기억하고 있었다니!

초등학교나 특수교육 선생님은 ‘완성된 작품’이 된 학생을 볼 기회가 거의 없다. 즉 어린 학생들을 가르치거나 위태로운 연령대의 학생들을 지도하는 선생님들, 혹은 예체능을 가르치는 선생님들은 성인이 된 예전 제자들을 만나는 행운을 누리기 어렵다. 학생들은 선생님의 삶을 스쳐간다. 아이들이 커서 어떻게 됐을까 궁금하더라도, 다들 행복하고 알차게 살고 있으리라 믿는 수밖에 없다.

그녀는 브랜든 가족의 집에 들어가는 순간부터 극진한 환대를 받았다. 브랜든과 어머니는 파티 내내 곁에 머물며 모든 손님들에게 선생님을 소개했다. 그리고 예전에 함께 이뤄낸 일들을 자랑스럽고 기쁜 마음으로 떠올리며 설명했다.

가족들은 브랜든의 ‘책 읽기 천사’에게 주는 거라며 선생님에게 작은 선물을 주었다. 브랜든은 좋은 대학교에 합격해서 공학을 전공할 예정이었다. 읽기를 배울 수 없을 거라던 아이가 공학도가 되다니. 누가 알았겠는가! 바로 이 특별한 특수교육 선생님이 알았다. 그날 브랜든의 가족이 준 것은 선생님에게 너무도 아름다운 선물이 됐다. 그녀의 노력을 증명해주었고, 앞으로도 계속 나아가도록 의욕을 북돋아주었으니 말이다. 그리고 브랜든은 대학교 공부를 마치고 나서도 계속 성공가도를 달렸다.

이 사연이 주는 교훈은 달리 표현할 방법이 없다. 가끔은 모두가 이렇게 선물을 받을 자격이 있다. 브랜든 역시 로버트 브룩스가 "영향력 있는 어른"[11]이라고 표현하는 인물이자 자신의 삶을 완전히 바꿔놓을 특수교육 선생님을 만날 자격이 있었다. 더듬거리며 읽던 아이가 마침내 글의 의미를 이해하며 술술 읽어나가고 자신감을 회복하기까지의 힘든 시간들, 그러는 동안 막내아이를 도와주고 곁에서 지켜봐준 가족들은 보상을 받아야 마땅했다. 선생님 역시 마찬가지다.

선생님들이 삶과 역량을 쏟아붓는 많은 학생들 중 나중에 감사를 전하는 경우는 정말 드물다. 하지만 브랜든과 가족들은 그렇게 했다. 적절한 개입, "내가 지켜보는 한 넌 실패하지 않아"라고 말해주는 뚝심 있는 선생님, 시간과 에너지와 노력을 쏟아준 부모님, 그리고 약간의 운이 우연히 맞물려 '퍼펙트 스톰'(그리 강하지 않은 태풍이 다른 자연현상과 겹쳐 엄청난 파

괴력을 발휘하는 현상.—옮긴이) 효과를 만들어낸 특별한 시간이었다. 이것이야말로 마법이었을지 모른다. 정말로 책 읽기 천사의 축복이었을지도 모른다. 들리는 바로는 천사가 다른 학교에도 왔었다고 한다.

이 선생님은 이 놀라운 경험과 훌륭한 가족이 교육계와 지역 사회에 존재하는 모든 올바름의 증거이자 본받을 만한 모범이라고 말했다. 덧붙이자면 선생님은 이 이야기를 하며 솟아올라 날개를 가다듬었다. 선생님은 그 날개를 가질 자격이 있었다.

배운 점

이 일은 교육 전문가와 가족들이 해야 할 일을 잘 보여주는 예다. 교육 전문가와 가족들이 해야 할 일은 다음과 같다.

- ✦ 발전이 더뎌 보이더라도, 노력이 필요한 학습자와 계속 협력해야 한다. '급격한 발전'이 언제 일어날지는 결코 알 수 없다.
- ✦ 아이가 도전하되 좌절하지 않게 해주어야 한다. 무엇보다도 가장 중요한 것은 노력을 뒷받침해주는 것이다. 성취도가 기대 수준보다 낮은 학생들은 다른 학생들을 '따라잡기' 위해 더 빠르게 학습해야 한다는 불가능하리만치 어려운 과제를 안고 있기 때문이다.
- ✦ 읽기 문제가 전반적인 학교생활 문제(자퇴 등)와 연관되는 경우가 많다는 사실을 기억해야 한다. 학생들은 읽기 실력을 키우는 동안 다방면으로 지원이 필요할 수 있다.

관련 연구

✦ 아이가 도움을 받는 동시에 도전할 수 있게 하라. 연구에 따르면 학생들은 글의 내용에 흥미가 있고 적절한 지원을 받을 때 '어려운' 글을 읽을 수 있다.[12]

✦ 가끔 대학생도 교정이 필요한 경우가 있다. 수준과 관계없이 많은 학생들이 그러한 교육을 통해 좋은 결과를 볼 수 있다.[13]

✦ 학교와 학생의 실패는 학교 내부의 문제만이 아니라 외부의 문제와도 관련이 있다. 학생들은 읽기 실력과 다른 능력들을 키우는 동안 다방면으로 지원이 필요할 수 있다.[14]

한 발 더 나아가기

개입은 중요하다. 특수교육도 중요하다. 학교의 핵심 교육과정도 중요하다. 하지만 그에 못지않게 중요한 요소가 있다. 바로 학생들과 전문 중재 교사, 특수교육 교사, 일반 교사의 적절한 조합이다. 하루아침에 마법 같은 일이 펼쳐지지 않을 수도 있다. 하지만 위태로운 상황에 있는 아이들과 영향력 있는 어른이 만날 때, 아이가 평생 걸어갈 성취의 여정을 시작하게 되는 유대관계가 만들어질 수 있다. 아이들과 함께 노력하는 모든 이들은 최상의 교육을 제공하고 최고의 교육자가 되는 데 헌신해왔다. 우리는 스스로 최고의 존재가 됨으로써 변화를 이끌어낸다는 사실을 다시 한번 상기하게 되었다. 지금 당신에게 천사의 날개가 보이지 않더라도 괜찮다. 오늘 누군가의 책 읽기 천사가 되도록 하라.

아이들이 책을 읽으면 벌어지는 일

5장

어느 대형 초등학교의 교장은 여느 교장들과 마찬가지로 어떻게 하면 남학생들이 더 많이, 잘 읽게 할지 고민이었다. 이 교장선생님 역시 남학생들이 읽는 법을 모른다는 게 심각한 문제라고 오랫동안 생각했다. 그래서 아동낙오방지법 등 정부 요구 사항에 따라, 연구를 바탕으로 하는 여러 가지 읽기 프로그램을 충실히 시행했다. 대부분의 읽기 프로그램은 모든 학생의 읽기 실력을 향상시키기 위해 고안되었고, 주로 남학생에게 읽는 법을 가르치려는 목적으로 만들어진 듯했다. 여러 해를 거치며, 교장선생님도 그룹 활동과 소규모 읽기 활동의 효과가 읽기에 어려움을 느끼는 남학생들에게서 주로 나타난다는 사실을 알게 됐다. 읽기에 관한 실제 연구에서도 여학생에 비해 남학생들이 거의 모든 영역에서 읽기 능력이 뒤처지는 것으로 나타났다.

그제야 교장은 이것이 능력의 문제가 아니라고 생각하게 되었다. 많은 남학생들은 일반적으로 읽기 능력이 평균 이상이었다. 하지만 이들은 읽지 않는 쪽을 선택했다. 꼭 읽어야 할 때가 아니면 읽으려 하지 않았다. 이 난제를 곰곰이 생각하던 교장선생님은 다른 원인을 찾기 시작했다. 남학생들은 무엇을 읽고 싶어 할까? 어떤 것에 마음이 끌릴까? 남학생들이 도서관에서 책을 찾는 방식은 여학생과 다르지 않을까?

생각 끝에 교장선생님의 머릿속에는 한 가지 해결책이 떠올랐다. 학교 도서관에는 참고 자료, 위인전, 소설 구역이 있었다. 이것은 모두 1870년대에 멜빌 듀이가 만들어낸 위대한 듀이 십진분류법에 따른 것이었다. 사실 학교 학생들은 십진분류법의 기초와 이 훌륭한 도서 분류 방식을 배웠지만 이것을 제대로 이해하는 학생은 매우 드물었다.

교장은 도서관이 개인 취향에 따라 책을 찾기 쉬운 방향이 아니라 치우기 쉬운 방향으로 정리되어 있다는 사실을 깨달았다. 그래서 교장은 캐런이라는 사서 교사('도서관의 여신'이라는 별명으로 불리기를 더 좋아하고 실제로 그 별명이 잘 어울리는 선생님이었다)에게 찾아가서 한 가지 부탁을 했다. 책장 몇 개로 구역을 하나 만들고 남학생들이 특히 좋아하는 책들로 채우자는 부탁이었다.

캐런은 아이들에게 훌륭한 책을 보여주자는 의견을 열렬히 옹호하는 사람이었다. 그래서 교장의 제안에 바로 찬성하고 남학생 서가를 만들 자리를 치우기 시작했다. 교장은 캐런이 강압적인 분위기에 못 이겨 제안을 받아들였는지, 정말로 남학생을 독서로 이끌자는 의견에 동의하는지 확신할 수가 없었다. 하지만 아직 책을 살 예산조차 확보하지 못했음에도 캐런은 남학생 서가를 만들 공간을 마련하고 있었다.

교장선생님은 그때부터 캐런 선생님의 도움과 격려 덕분에 모든 과정이 훨씬 수월해지기 시작했다고 종종 언급했다. 그리고 교장이라는 영광스러운 자리에서 일하는 동안 만나본 사서 교사 중 캐런이 최고라고도 했다. 캐런은 실로 열심히 노력하여 교장의 말을 입증했다.

이제 교장은 예산을 마련하고 캐런은 책을 구하러 나섰다. 이들은 함께 빈 책장 사진을 찍고 그것을 활용하여 모금 활동을 벌였다. 책장 위 벽에 큰 글씨로 '남학생 도서'라고 쓰여 있고 캐런 선생님이 퀴즈쇼 진행자처럼 멋지게 빈 책장을 가리켜 보이는 사진이었다.

첫 번째 계획은 지난 스콜라스틱 도서전에서 얻은 구매권을 사용하는 것이었다. 두 사람은 도서목록을 샅샅이 훑어봤고, 교장에게 재미있어 보이는 책과 시리즈를 전부 골랐다. 교장선생님의 생각은 극히 단순했다. "나도 남자니까 내 맘에 드는 책이면 남학생들도 좋아할 거야."

구매할 도서목록이 완성되자 교장은 교육감에게 가서 혹시 좋은 일에 쓸 만한 여윳돈이 있는지 문의하기로 했다. 교장선생님은 '도서관의 여신'이 빈 책장을 가리키는 사진, 남학생 도서라고 쓴 표지판, 지금까지 선정한 도서목록 등을 교육감에게 보여주며 최대한 그럴싸하게 설명했다.

목록에 있는 책을 다 사려면 학교에서 보유한 구매권보다 7천 달러 정도가 더 필요했다. 교장은 그것이 어려운 요청이라는 사실을 알았다. 하지만 이왕이면 크게 바라는 편이 낫다고 생각했다. 교육감은 전혀 놀라지 않고 태연하게 대답했다. "좋아요. 그 금액을 드리죠!" (교장선생님은 더 많이 요청할 걸 그랬나 싶었지만, 이 이야기는 나중에 또 나온다.)

책을 주문할 때 8천 달러를 들고 시작했으나, 이 돈은 금방 바닥나버렸다. 교장선생님은 밝은 색상의 멋진 그림이 있거나 표지가 두꺼운 책 위주로 사들였다. 교장선생님의 관심을 끄는 책이면 전부 목록에 추가되었다. 연구를 근거로 하거나 과학적인 방법은 아니었지만 무엇보다 재미가 있었다.

도착한 책들은 도서목록에 기재된 다음 책장에 꽂힌 채 남학생들을 기다렸다. 생각만 해도 설레는 일이다. 이 소식은 교내 방송과 사서선생님을 통해 각 반에 전달되었다. 남학생 서가를 구경해도 되느냐고 묻는 여학생들도 있었다. 당연히 여학생들 역시 새 책들을 살펴볼 수 있었다. 사서선생님은 훗날 이 일을 돌이켜보며, 남학생들에게 특히 인기 있고 여학생들의 관심을 끌지 못하는 책이 많았기 때문에 책을 훑어보기 시작한 여학생들이 대부분 금방 시들해지는 모습이 흥미로웠다고 말했다.

하지만 350명이나 되는 남학생이 읽기에는 책이 부족했다는 사실이 금세 드러났다. 남학생 서가에서 빌릴 수 있는 책을 일주일에 한 권으로 제한해야 했다. 교장선생님은 다른 계획을 모색하다가 처음 자금을 마련한 방식을 다시 고려했다.

'지난번에 교육감님이 꽤 빨리 답해주셨지. 한 번 더 부탁해봐야겠다!' 교장은 다시 교육감을 찾아가서 더 많은 자금과 책을 요청했다. "우리 학생들이 남학생을 위한 서가를 무척 좋아하는데 책이 부족합니다. 예산을 더 받을 수 있을까요?" 교장은 얼굴에 절박함이 너무 드러나지 않게 하려고 애썼으나 성공했는지는 알 수 없었다.

흥미로운 것은 교육감이 교장의 제안을 수락하여 다음 회계연도에 사용할 예산 7천 달러를 추가로 집행해주었다는 사실이다. 교장과 사서는 다시 도서목록을 뒤지며 더 많은 책들을 찾아냈다. 이번에는 사서인 캐런이 엄청난 감각을 발휘했다. 먼저 캐런이 책을 고르면 교장이 책마다 일일이 '남성으로서 찬성'하는 표를 던졌다. 이 무렵에는 두 사람 다 어떤 책이 남학생들에게 인기를 끌지 제법 잘 알게 되었다.

교장과 캐런은 남학생들에게 충분한 읽을거리와 선택지를 제공할 만큼 다양한 책들을 보유했다고 느꼈다. 이 정도면 일주일 동안 책을 빌려주면서 충분히 버틸 듯했다.

그다음엔 어떻게 됐을까? 거의 1년이 지난 뒤에도 대부분의 남학생들은 도서관의 남학생 서가로 직행했다. 1만 5천 달러를 들여 새 책들을 구입했지만 여전히 주말이 가까워지면 남학생 서가의 책이 남아나지 않았다.

2011~2012년 통계에서 한 가지 특히 눈에 띄는 점이 있

었다. 그해 1년간 책이 3,364권 늘어났던 것이다. 그 전해에 1년 동안 책이 줄어든 것과는 반대였다. 도서관의 여신, 캐런 선생님은 책이 그토록 엄청나게 늘어난 이유에 대해 연말 보고서에서 이렇게 썼다.

> 학교에서는 작년부터 남학생 서가를 운영하기 시작했습니다. 남학생들은 이 책들에 열광하고, 더 많이 읽고 있습니다. 교장 및 교감 선생님 역시 남학생 북클럽과 여학생 북클럽을 만들어 운영하기 시작했습니다. 북클럽은 한 달에 한 번 모여 최근 읽은 책에 대해 의견을 나눕니다. 학생들은 이것을 아주 좋아하지요. 우리 남학생들은 독서를 더 많이 하고 있답니다!

이 학교에 대한 흥미로운 자료에 따르면, 주 단위로 실시하는 시험에서 남학생들의 언어 과목 점수가 개교 이래 최고 수준을 기록했고 스콜라스틱 읽기능력평가Scholastic Reading Inventory, SRI에서 4~5학년 남학생들이 엄청난 향상을 보였다. 누가 상상이나 했겠는가?

교장선생님은 남학생 서가를 만들기로 했을 때 그저 남학생들이 독서하는 모습을 보고 싶었을 뿐 이런 일들은 생각지도 못했다고 말한다. 그리고 의도하지 않은 훌륭한 결과에 무척 기쁘다고 털어놓았다.

남자아이들에게 유리하도록 의도적으로 무언가를 선택하는 일은 논란의 여지가 있다. 이 이야기에 등장하는 교장선생님 역시 처음에 학부모들에게 남학생 서가에 대해 문의를 받았다고 한다. 그래서 즉시 학부모들을 학교로 초청하여 자랑스럽게 남학생 서가를 안내해주었다. 흥미롭게도 아빠들은 하나같이 이렇게 말했다. "저도 어릴 때 이런 게 있었다면 좋았을 텐데요!" 엄마들은 도대체 어찌 된 일인지 모르겠지만 아들이 스스로 책을 읽다니 매우 기쁘다고 했다. 이 사실은 교장선생님의 전략이 효과적이었다는 사실을 보여주며, 현재도 마찬가지라는 데 논쟁의 여지가 없다. 이 학교 남학생들이 분명히 책을 읽게 되었으니 말이다.

이 학교에서 변화를 일으킨 또 한 가지 요소가 있다. 뭐든 읽기만 한다면 괜찮다고 허용해주었다는 것이다. 받아들이기 힘든 이도 있겠지만, 분명 실행할 만한 가치가 있는 일이다. 이에 대해 토머스 뉴커크는 다음과 같이 말한다.

> 우리는 학생 중심의 교육 과정과 '선택'이라는 이름 아래 읽기와 쓰기를 좁은 의미로 정의하고, 가르치고, 평가해왔다. 그리하여 읽기와 쓰기 프로그램에서 남아의 취향, 가치관, 학습 방식을 지지하기는커녕 허용해주는 일조차 실패했다. 더 구체적으로 말하면 우리는 폭력과 패러디, 몸 개그가 등장하여 많은 남아에게 가장 인기 있는 장르를 읽고 쓰지 못하도록 막고, 깎아내리고, 심지어 금지해왔다.[15]

이것은 중요하다. 남학생들은 관심만 있다면 뭐든지 읽는다. 디아나 브루어라는 학부모는 아들의 독서 경험에 대해 설명하며 이 점을 여실히 보여주었다.

> 제 둘째 아들 애런은 독서를 늦게 시작했어요. 독서 자체를 정말 싫어했고 힘들어했죠. 그러다 한창 좋아하던 용이 나오는 판타지 소설을 발견했어요. 애런은 그 주제에 푹 빠진 나머지 관심 있는 부분을 모조리 알고 싶어서 억지로 책을 읽었지요. 지금은 책을 잡으면 놓을 줄 몰라요. 애런에게 묻는다면 이렇게 답할 거예요. 읽을 가치가

있는 것을 찾기 전까지는 읽기를 정말 싫어했다고 말이에요. 그걸 찾은 뒤에는 완전히 새로운 세상이 열렸죠.[16]

재미있는 점은 남자아이를 대상으로 하는, 다른 독자들에게는 전혀 인기가 없는 책이 많다는 사실이다. 이를테면 어른들은 제프 키니의 《윔피 키드》를 별로 좋아하지 않는다고 하지만 이 책은 베스트셀러로 꼽히며 나이와 상관없이 최근 남자아이들이 가장 많이 읽는 책이다.

이유는 간단하다. 몇몇 남자아이들이 이 책을 읽었고, 그 모습을 본 다른 아이들도 한번 읽어보고 나서 좋아하게 됐다. 《윔피 키드》에 나오는 '치즈 터치'(손가락에 치즈가 묻었다고 상상하고, 그 손가락에 닿은 아이는 다른 아이에게 가상의 치즈를 옮겨야 그 상태에서 벗어나는 놀이.—옮긴이) 놀이는 많은 학교 식당과 복도에서 남녀 상관없이 모든 학생들에게 사랑받았다.

배운 점

이 장에서는 학교 도서관에서 남학생들이 활발하게 이용할 공간을 만들 수 있으며, 이러한 전교 차원의 계획이 강력한 영향을 미쳐 남학생들을 오락적 독서로 이끌 수 있다는 사실을 알게 되었다. 이런 조치는 퍼즐의 한 조각에 불과하지만 분명히 그만큼의 몫을 한다. 그리고 우리는 남학생들이 읽는 책이 그들의 관심과 흥미를 끄는 요소에 따라 결정된다는 사실도 알게 되었다.

이 책의 저자 중 한 명은 많은 지역을 돌아다니며 남학생들을 독서로 이끄는 법에 관해 이야기했다. 그가 청중들에게 반복해서 알려주는 한 가지 사실은 남학생에게 일찍부터 독서 습관을 키워줄 수 있는 초등학교 선생님이 대개 여성이라는 점이다. 이 단순한 사실에는 전혀 문제가 없다. 하지만 여자 선생님들은 자신이 어린시절 좋아했던 책들로 남자아이들의 관심을 유도하려 할 때가 많다. 남자아이들의 관심사가 여자아이들과 다르다고 말해도 괜찮다. 그리고 그에 맞게 책을 주문하는 것도 괜찮다. 이것에 대해서는 다음 장에서 더 이야기해보자. 우리의 기대를 조금 바꾸면, 도서 이용률뿐만 아니라 시험 점수까지 높일 수 있다.

관련 연구

연구와 경험에 따르면 남자아이들이 선호하는 읽을거리는 게임 공략집, 놀라운 사실에 관한 책, 그래픽 노블, 스포츠 잡지 등이다. 젊은 남성 독자를 위한 책을 쓰는 유명한 작가 매트 페냐는 이렇게 말했다.

> (내 남성 팬들은) 대개 유색인종, 빈곤 계층 출신 아이들이고 그들은 내 책에서 자기 자신을 발견한다. 아마 그중 누구도 스스로 책을 즐긴다고 생각하지는 않을 것이다. 하지만 현명한 사서라면 그들 손에 책을 들려주고, 은근슬쩍 스포츠 이야기를 꺼내며 소설을 읽도록 유도할 것이다. 일단 걸려들면 그들은 뭐든 읽는다.[17]

토머스 뉴커크 역시 뉴햄프셔의 5개 초등학교에서 남녀

학생 100명을 대상으로 질적 연구를 수행한 뒤 비슷한 견해를 밝혔다. 이 연구에서는 학생들이 쓴 글의 원천, 자기 글에 등장하는 폭력적 상황에 대한 관점, 좋은 글의 기준에 대해 조사했다. 이에 대해 뉴커크는 이렇게 말했다.

> 나는 글을 쓸 때면 남자아이들이 즐기는 만화책, 웃기는 이야기, 게임, 줄거리 위주의 소설, 운동경기 순위 등 '저급한' 이야기 편에 선 변호사라고 상상할 때가 있습니다. '읽고 쓰기'에 무엇이 해당되고 무엇이 해당되지 않는지 학교 안에서 고민해보길 바랍니다.[18]

한 발 더 나아가기

교사와 사서 교사 모두가 앞으로도 남학생들이 책을 읽어 읽기 능력을 키우고 독서 수준을 높이기를 바란다. 하지만 평생 독서를 즐기도록 장려하려면 '좋은 책'이라는 고정관념에 맞지 않는 책을 허용할 뿐만 아니라 흔쾌히 받아들이도록 교사들을 독려하는 일도 중요하다.

게임 공략집이든, 기네스북이나 세계 기록에 관한 책이든, 조너선 메이버리의 좀비 책이든 읽으면 독서다. 일단 이 전제를 받아들이고 나면 거기서 한 발 더 나아가 여학생은 물론이고 남학생들에게도 인기 있는 책들로 학급 문고를 구성할 수 있다.

이후에는 남학생들이 책을 찾기 쉬운 도서실을 만들거나 남학생들이 정말 빌리고 싶어 하는 책을 비치하는 등 계속 앞으로 나아갈 수 있다. 그렇게 해서 변화가 일어날까? 한번 시도해보기를 감히 권한다. 다음 장에서는 과감히 한 걸음 더 나아가보자.

매력적인 도서관 만들기

6장

앞에서는 남자아이들이 선뜻 책을 집어 들 만큼 그들의 관심을 사로잡는 도서관을 만드는 법에 대해 논의했다. 하지만 책 한 권을 집어 들게 한다고 해서 끝나는 것이 아니다. 그것만으론 읽기와 쓰기 문제가 해결되지 않는다. 양육자와 교육자들의 바람대로 모든 학생들, 특히 남학생들에게 평생에 걸친 독서 사랑을 심어줄 수 있는 것도 아니다.

이를 입증하는 연구는 없겠지만 이렇게 생각해보자. 의무적으로 책을 빌려야 하는 도서관 주간에 가까스로 한 권 빌리는 아이가 그 경계를 넘어 망설이지 않고 자발적으로 독서하게 하려면 남학생들이 도서관에 가서 둘러볼 때마다 흥미를 끄는 좋은 책이 어느 정도 있어야 한다. 요즘은 교육 예산 지원이 줄어드는 추세이기도 하고 한정된 자원을 차지하기 위해 학교들끼리 치열하게 경쟁하는 것도 사실이다. 이런 상황에서 학교 도서관에 남학생 서가를 새로 만들려면 사서 교사, 교장, 담임 교사들은 어떻게 해야 할까? 다음과 같은 몇 가지 방안을 생각해보자.

실현하기

이 단계는 아슬아슬한 줄타기일 수도 있고 과감함과 성급함의 경계를 오가는 단계일 수도 있다. 하지만 그 줄은 누군가 이미 올라가본 줄이다. 도서관에 남학생들의 흥미를 사로잡는 도서 구역을 만들겠다는 결정은 교장에게 달려 있다. 교장 여러분은 이런 결정을 내릴 수 있고 내려야만 한다. 사서 교사라면 교장에게 제안하고 설득하라. 후회하지 않을 것이다.

왜 교장인가? 답은 간단하다. 교장은 양질의 남학생 서가를 만들겠다는 계획을 '실행할 수 있기' 때문이다. 어느 학교든 경제권은 대부분 교장선생님에게 있다. 학교 도서관에서 기회의 문을 넓혀 남학생들을 독서로 이끌겠다는 결정은 서로에게 좋은 일이다. 일단 공이 굴러가기 시작하면 기회는 많다!

자금 마련하기

지원금은 늘 빠듯하고 예상 가능한 미래까지는 계속 빠듯할 것이다. 하지만 정부 예산 외의 자금 조달 기회가 각 지역과 전국에 다양하게 존재한다. 예컨대 한 교장은 도서관에 남학생 서가를 신설하기 위해 식품기업 크로거Kroger에 5천 달러의 지원금을 신청하여 지급받았다.

많은 지역사회의 지역 재단은 지원할 만한 프로젝트를 찾고 있다. 남학생들을 독서로 이끄는 것보다 더 훌륭한 프로젝트가 있을까?

지원금을 보유했음에도 아무도 요청하지 않아서 그대로 남아 있는 경우도 종종 있다. 부교육감이나 담당자는 여유 자금이 있다는 사실을 여기저기 알리지 않을 가능성이 높지만 분명히 자금은 있다. 교장·교감이 남학생을 독서로 이끄는 최선의 방법 중 하나는 그들의 관심을 끄는 책을 학교 도서관에 비치해 쉽게 접하도록 하는 것이다. 여러분에게 자금을 직접 조달할 권한이 없다면 권한이 있는 사람을 찾아야 한다.

대부분의 경우 교장·교감은 특별하다고 판단한 프로젝트를 진행할 지원금을 찾아낸다. 그 프로젝트에 열정을 불러일으킬 사람만 있으면 된다. 남학생을 독서로 이끄는 일은 학교 차원의 성공과 문화 발전에 나날이 엄청난 영향을 미칠 수 있는 투자다.

도서관에 남학생 서가 만들기

이것은 단순히 남학생들의 취향에 맞춘 서가를 만드는 데 그쳐서는 안 된다. 남학생 서가를 만든 학교들은 대부분 남학생들만 독점하도록 하는 것이 아니라 여학생들도 책을 빌릴 수 있게 했다. 다만 남학생들의 관심을 끌려는 뚜렷한 노력을 기울였다. 이렇게 해야 하는 이유는 뭘까? 솔직히 말하면 대부분의 경우 남자아이들은 그냥 책에 관심이 없기 때문이다.

교장과 교감은 학교에 오는 학부모들에게 남학생 서가를 만들기로 한 이유를 설명할 수 있어야 한다. 많은 부분에서 남학생과 여학생이 책을 선택하는 방식이 다르기 때문이라고 말이다. 교장인 이 책의 저자 한 명이 도서관에서 여학생들이 책을 고르는 방식을 관찰해보니, 여학생들은 빌려서 읽을 만하다는 생각이 드는 책을 찾을 때 서가를 전체적으로 살피는 경향이 높았다. 여학생들은 지난번에 빌린 책이 있던 곳으로 곧장 달려가는 경우가 별로 없다.

이와 반대로 남학생들은 책을 고를 때 모험하는 성향이 훨씬 낮다. 그 이유는 딱히 짐작이 가지 않는다. 남학생들은 지난번에 책을 골랐던 서가로 곧장 가는 경우가 많다. 거기서 최근에 맘에 들었던 작가나 시리즈를 찾은 다음 그중에서 한 권을 고른다.

문제는 여기에 있다. 소설책은 장르가 아니라 작가의 성씨 순으로 정렬되어 있다. 즉 남학생은 좋은 책이나 그럭저럭 괜찮은 책이라도 찾으러 친숙한 구역으로 가지만 그곳은 자기가 찾는 책이 아니라 작가의 성을 기준으로 정리되어 있다. 그리하여 많은 남학생들이 이러지도 저러지도 못하는 상황을 마주하게 된다. 남학생들은 좋아하는 작가의 책이나 시리즈를 다 읽고 나서 그 주변을 둘러보지만 그곳에는 마음을 사로잡는 책이 없는 것이다.

남학생 서가를 운영하는 사서 교사들에 따르면 남학생들은 비소설을 좋아하더라도 선뜻 비소설 구역을 둘러보는 경우가 드물다고 한다. 이유는 꽤 분명하다. 남학생이 스포츠, 전쟁, 위인, UFO, 전설 속 괴물에 대한 책을 찾고자 해도 이런 책은 한 곳에 몰려 있지 않다.

결국 남학생 서가가 생기기 전에는 대부분의 남학생이 의무적으로 빌려야 했던 한 권만 붙들고 다음 대여일까지 그저 기다렸다. 하지만 남학생 서가가 생긴 뒤에는 전쟁·무기·군대에 관한 책, 레슬링을 비롯한 운동경기에 관한 책, 그래픽 노블, 릭 라이어던(신화를 바탕으로 한 아동 판타지 소설 작가.—옮긴이), 대브 필키(《도그맨》으로 유명한 그래픽 노블 작가.—옮긴이), 제임스 패터슨(다양한 장르를 넘나드는 베스트셀러 작가.—옮긴이)의 책, 자동차·트럭·오토바이와 이런 이동수단을 디자인하고 만들어내는 사람들에 대한 책 등 흥미를 끄는 책들을 한 자리에서 만날 수 있다.

몇몇 학교에서 남학생 서가가 생기자마자 남학생들은 일주일에 한 권만 빌리지 않고 세 권씩 꽉꽉 채워서 빌리기 시작했다. 책의 순환이 활발해진 것은 말할 필요도 없다.

직접 책 고르기

남학생 서가에 들어갈 책을 고르는 단계는 간단하다. 남학생들이 좋아할 책을 모아놓은 마법의 도서목록 같은 건 없다.

끝내주는 남학생 서가를 만들고자 할 때 '공식적인' 추천도서들을 참고하는 것보다 더 좋은 방법이 없을까? 있다. 직접 고르는 것이다. 모든 사서 교사에게는 도서목록이 한 뭉치씩 있다. 이 목록에는 현재 출판되고 판매하는 온갖 종류의 책이 포함되어 있다.

대개 도서목록에는 책에 대한 적절한 설명과 표지 사진이 담겨 있다. 표지는 그 책이 남학생들의 관심을 끌지 아닐지를 좌우하므로 매우 중요하다. 미심쩍을 때는 책 설명을 읽어보라. 책 설명이 딱히 마음에 와 닿지 않는다면 그 책은 남학생들의 흥미를 끌지 못할 가능성이 매우 높다.

표지 그림이 선명하고 생생할수록, 제목이 뚜렷하게 보일수록 남학생들이 빌려가서 실제로 읽을 가능성이 높다. 무슨 말인지 확실히 알려면 조너선 메이버리의《시체와 폐허의 땅》을 보면 된다. 못 믿겠다면 인터넷 서점에서 이 제목을 검색한 다음 여러분이 아는 남자아이들이 읽을지 가늠해보라.

그렇기는 하지만 단지 표지가 흥미롭다고 해서 계속 그 책을 읽게 하지는 못한다. 내용이 중요하다. 내용은 남학생 독자가 푹 빠질 수 있는 것이어야 하고, 한 권을 다 읽고 나서 다음 권을 가지러 갈 정도로 계속 머릿속에 맴돌 수 있는 것이어야 한다.

독서하는 남성에게 도움을 요청하기

간단한 제안을 하나 하겠다. 책을 고르는 교장, 사서, 담임이 남성이 아니라면 학교에서 책을 아주 좋아하는 남성을 찾아 도움을 받으라. 이미 언급했듯 여자 선생님은 자신이 어렸을 때 읽은 책을 고르는 경향이 있다. 이런 경향은 남학생을 위한 책을 고르는 데 도움이 되지 않는다.

남성에게 도움을 구하고 그 사람의 제안을 들어보라. 여러분이 아는지 모르겠지만 《호빗》과 《반지의 제왕》은 남자들에게 가장 인기 있는 작품에 속한다. 영국의 거장 톨킨의 작품인 이 책은 1954년과 1955년에 쓰였지만 여기 등장하는 괴물과 영웅들은 탁월한 영화감독인 피터 잭슨이 만든 영화보다 훨씬 더 디테일하고 생생하게 살아 움직인다. 《호빗》에 나오는 용 스마우그를 처치하는 장면, 《반지의 제왕 1: 반지 원정대》에 나오는 발록과의 전투, 《반지의 제왕 2: 두 개의 탑》에서 샘와이즈 갬지가 무시무시한 거미 괴물 쉴롭에게서 친구 프로도를 지키기 위해 놀라운 용기를 발휘하는 장면을 읽고 많은 남성들이 짜릿함을 느꼈다.

《수업 중 15분 행복한 책 읽기》(The Book Whisperer)의 저자 도날린 밀러는 2009년 10월 18일에 블로그를 통해 남성 독자에 관해 이렇게 적었다.

> 데이터에 따르면(알다시피 요즘은 모든 게 '데이터'로 통하니까), 표준화된 읽기 시험에서 남학생은 여학생보다 점수가 낮고 독서에 대한 의욕과 관심이 더 낮은 것으로 나타난다. 많은 남학생들이 독서와 멀어지는 이런 현상이 여성 교사가 주도적으로 계획하고 진행하는 수업에서 얼마나 영향을 받는지 종종 궁금하다. 소설 수업과 읽기 활동이 오로지 여성 교사의 선호와 세계관을 통해서만 이루어진다면 남학생은 수업에서 자신의 관심과 의견이 존중받지 못한다고 생각하고 의욕이 떨어질 수

있다. 소리내어 읽을 책을 고를 때, 도서관에서 새 책을 구매할 때, 수업을 계획할 때는 남학생을 염두에 두어야 하고 학생들에게 제공하는 읽을거리에 우리의 편견이 영향을 미치지 않는지 유념해야 한다.

모든 독자와 마찬가지로 남자아이들 역시 책 속에서 자신을 발견하고자 한다. 독자를 키워내는 임무를 맡은 우리 교사들에게는 남학생들이 그런 책을 찾도록 도와줄 의무가 있다.

댈러스의 한 사서선생님은 뱀파이어에 관한 책이 '긴장감 넘치고' '남자들에게 알맞은' 책인 것 같다면서, 남자들이 뱀파이어 책을 좋아하느냐고 물었다. 《트와일라잇》 시리즈가 한창 인기를 끌 때였다.

우리의 대답이 세상 남자들을 대변할 정도로 대단한 것은 아니었지만 사서선생님의 기대에는 확실히 어긋났다. 개인적으로 뱀파이어 물을 그렇게 선호하지 않는다고 대답했던 것이다. 뱀파이어가 사냥에 성공해봐야 희생자의 목 정맥에 잘 보이지도 않는 조그만 구멍 두 개만 남길 뿐이니까.

우리와 마찬가지로 그가 학교에서 만나본 남학생들은 대

부분 좀비나 다른 무시무시한 괴물이 나오는 책을 더 좋아했다. 이유는 꽤 간단했다. 좀비가 사람을 죽일 때는 팔이 찢겨나가고 커다란 살덩어리가 날아간다. 심지어 좀비는 시뻘건 피를 질질 흘리며 살이 썩는 지독한 냄새를 풍기지 않는가! 속이 메슥거린다면 제대로 읽은 것이다.

요컨대 성인 남성 독자들의 흥미를 끄는 책이라면 남학생들에게도 어느 정도 흥미를 끌 수 있다. 남자는 나이를 먹어도 어른이 되지 않는다고 말할 수도 있겠다. 어쩌면 J. M. 배리는 이 점을 꿰뚫어보고, 날아다니면서 고아들을 이끌고 해적과 싸우며 '어른이 되지 않는' 소년인 피터팬을 그토록 매혹적인 존재로 그렸는지도 모른다.

제대로 하지 않으려면 그만두기

자, 이렇게 남성에 대한 얘기를 해보았다. 이제 도서관에 남학생 서가를 만들고자 할 때 명심해야 할 한 가지가 있다. 물론 작게 시작해서 점점 키워갈 수도 있고, 이미 있는 책 가운데서 남학생이 좋아할 만한 책을 한데 모아놓아도 된다. 하지만 이것만은 기억해야 한다.

여러분이 원하는 만큼 인기를 모으려면 첫날부터 강렬한 인상을 주어야 하고 한계를 넘어 최고 수준의 서가를 보여줘야 한다. 이건 하나의 도전이다. 이 도전에서 성공하려면 할 수 있는 모든 노력을 쏟고, 자금을 구하고, 도서목록을 샅샅이 훑어 좋은 남아용 도서를 찾아서 누구도 본 적 없는 최고의 남학생 서가를 만들어야 한다. 기회는 오직 한 번뿐이다. 그 한 번의 기회에 남학생들의 상상력을 사로잡고 그들을 독서로 이끌어야 한다. 크게 성공하거나 완전히 망하거나, 둘 중 하나다.

우리가 본 남학생 서가에서는 남학생들이 아무 곳에서나 책을 한 권 뽑아도 곧 빠져들어 읽을 수 있는 훌륭한 책이 나온다. 그뿐만 아니라 책의 주제와 장르도 엄청나게 다양하다. 레슬링, 야구, 미식축구에 대한 책도 있고 별에 대한 책도 있다. 개조한 자동차와 맞춤 제작한 오토바이에 대한 책도 있다. 그래픽 노블도 있고, 시간이라는 모래 위에 발자취를 남긴 위인전도 있다. 서가로 걸어온 남학생들은 한 권의 훌륭한 책에 푹 빠져 자신에 대해서도 잊어버린다. 선생님이 책 좀 내려놓으라고 애원할 정도로 아이들을 사로잡는 책이다. 모두 한 학교에서 실제로 일어난 일이다. 이를 위해서라면 온갖 노력을 기울일 가치가 있다.

새 책 사기

남학생 서가를 새 책으로만 채우기는 불가능할 수도 있다. 하지만 새 책을 구입한 결과는 시간과 노력과 비용을 들일 만한 것이다. 남자아이들은 반짝거리는 새것을 좋아한다. 못 믿겠다면 TV나 잡지에 나오는 자동차 광고가 얼마나 효과적인지 생각해보라. 간단히 말해서 거리에서 제일 멋진 차를 가지고 있는 남자라도 눈에 띄는 새 차가 보이면 그쪽에 강하게 끌리기 마련이다. 요컨대 남자들은 더 새롭고 눈에 띄는 것에 끌린다.

책에 관해서도 마찬가지다. 새 책도 언젠가는 그 빛을 잃겠지만, 학교 도서관에 남학생 서가를 만들려면 남학생들을 끌어오고 붙잡을 경쟁력이 있어야 한다. 심지어 지금 읽을 만한 멋진 책이 이미 있더라도 다음 주에 다시 갔을 때 새 책이 더 많아지고 그 가운데서 맘에 드는 책을 고를 수 있다는 사실을 싫어할 남학생은 별로 없다.

많은 초등학교에서 근사한 현수막과 벽보로 벽을 꾸며 독서 분위기를 만들지만, 정말로 독서 문화를 일구고 싶다면 남학생들이 쉽게 흥미를 느낄 수 있도록 책을 배치해야 한다. 색상이 선명하거나 특이한 그림이 있고 반짝거리는 책들이 훌륭한 출발점이 되어줄 것이다.

단, 남학생들의 주의를 사로잡을 기회가 한 번뿐임을 기억하라. 일단 흥미가 생기면 남학생들은 좋아하는 작가와 장르의 책을 보러 몇 번이고 돌아온다. 여러분은 지금 아이패드, 태블릿, 스마트폰, 영상, 그리고 〈GTA〉〈콜 오브 듀티〉〈매든 NFL〉 같은 정교한 게임 화면에 둘러싸여 자란 세대에게 다가가려는 것이다.

이것들과 경쟁할(충분히 붙어볼 만하다!) 최고의 방법은 게임 화면처럼 화려하고 정교한 그림이 있는 책을 남학생들이 볼 수 있는 곳에 두는 것이다. 일단 책을 집어 들고 읽기 시작하면 힘든 부분은 작가들이 해낼 것이다. 도날린 밀러는 남자아이들이 책에서 무엇을 얻고자 하는지에 대해 이렇게 말한다. "남자아이들은 책 속에서 자신을 발견하고 싶어 한다. 그리고 책 속에서 자신을 잊을 정도로 푹 빠지고 싶어 한다."

그야말로 명언이다. 교육자가 할 일은 남학생들의 주의를 확 사로잡는 것뿐이다. 나머지는 저절로 굴러간다.

멋지게 포장하고 알리기

남자라면 거의 모두에게 해당되는 비밀이 하나 있다. 들을 준비가 됐는가? 남자아이들은 과장된 이야기를 철석같이 믿는다. 남자들은 그럴싸하게 포장된 것을 정말로 믿는다. 놀랍고 충격적이겠지만 사실이다. 전 세계 남자들을 통해 입증되었다. 남자들은 과장 광고에 지갑을 연다.

알맹이가 있다면 과장도 나쁘지는 않다. 남학생 서가를 그럴싸하게 포장하는 것은 아주 좋은 일이다. 덮을 수 없을 정도로 재미있는 책을 발견할 가능성을 남학생들에게 열어주는 셈이니 말이다.

남학생 서가를 어떻게 알려야 할까? 우리는 2단계 전략을 사용해볼 수 있다. 우선 남학생 서가 개방을 앞두고 교내방송으로 그 사실을 알리는 것이다. 이 방법에 대한 반응은 대단치 않았으나 그다음 단계의 효과가 결정적이었다. 전에 언급한 '도서관의 여신' 캐런은 도서 대여일이 다가오자 '모든 학급에 가서' 남학생 서가에 대해 이야기해주었다. 간단했지만 효과적인 방법이었다. 남학생 서가가 생긴 지 1년이 지나서도 학생들의 열광적인 반응은 좀처럼 가라앉지 않았다. 많은 남학생 독자들이 책을 빌릴 때가 되어 가장 먼저 향하는 곳은 바로 남학생 서가였다.

'남학생 도서'라고 크게 써두기

너무 당연한 이야기다. 표지판이 남학생들의 주의를 끌 정도로 과감하고 분명해야 한다는 것은 말할 필요도 없을 것이다. 몇몇 교장선생님들이 말하길, 남학생 위주로 계획된 공간에 대해 학부모들에게 항의를 받은 적은 한 번도 없다고 한다. 오히려 많은 학부모들은 특히 남학생에게 초점을 맞춤으로써 독서할 이유를 하나 더 만들어주는 이런 조치에 매우 고마워했다.

토대 마련하기

남학생 서가의 가장 큰 성과는 남학생들에게 문을 열어주었다는 점이다. 이제 그 남학생들은 독서를 한다. 그것도 많이. 하지만 서가 그 자체만으로는 이 정도의 성과를 낼 수 없었을 것이다. 남학생들에게 독서 의욕을 북돋아주고, 어딘가에 소속되고 싶도록 주의를 끌고 신나게 해줄 필요가 있다. 이에 관한 이야기는 다음 장에서 계속된다.

배운 점

남학생 서가를 만든 모든 학교들이 가장 확실하게 얻은 교훈은, 도서관의 한 구역을 할애하여 남학생 취향에 맞는 책을 제공하자 남학생들이 매우 열광하고 환영했을 뿐만 아니라 그곳을 자주 이용했다는 점이었으리라. 한편으로는 남학생들이 책을 찾으려는 노력을 덜 하게 만든다는 평가도 있을 수 있다. 물론 그런 면도 있다. 하지만 남학생들은 분명히 책을 빌려가고, 읽고 있다.

남성 취향의 책은 어디에나 있고, 우리는 그저 찾아보기만 하면 된다. 일단 찾았으면 예산을 구해 책을 들여오면 된다. 새 책이고, 표지가 매력적이고, 남자들에게 인기 있는 주제를 담고 있고, 찾기 쉬운 책이라면 남자들은 그 책을 빌려간다. 그다음엔 읽는 일만 남는다.

관련 연구

2005년에 카이저 가족재단에서 수행한 연구에서는 '시각적 전자 매체를 많이 사용하는 아동은 하루 중 독서 시간의 비중이 적더라도 전자 매체를 조금 사용하는 아동에 비해 책을 더 많이 읽는 경향이 있다'라는 결론을 내렸다.[19]

토머스 뉴커크와 직접 대화하며 2005년 뉴햄프셔에서 진행된 '남학생의 독서 습관에 관한 연구'에 대해 물었는데, 뉴커크는 남학생에게 가장 중요한 것은 유머라고 말했다. "절대적인 기준이죠."[20] 그는 또 이렇게 말했다.

> 노력이 필요한 독자가 읽고 쓰기를 계속 연습하려면 만화책, 그래픽 노블, 그림책을 접할 수 있어야 한다. 학생들이 커갈수록 디지털 스토리텔링을 적용한 새로운 멀티미디어 장르, 예를 들면 영상 문학 같은 장르가 독서에 대한 흥미를 지속하게 해준다. 영화 예고편이나 뮤직비디오와 달리 영상 문학은 책의 한 장면을 영상으로 구현한 것이다. 만화책은 학교에서 취급하기에 적절치 않고 저급하다는 평가를 자주 받지만 이런 장르는 어

린 독자들과 흥미로운 관계를 맺는다.[21]

한 발 더 나아가기

현 시대에는 초·중학교 도서실에 남학생 서가를 꾸미는 게 상당히 망설여질 수 있다. 충분히 이해하고 그 입장을 지지한다. 솔직히 이 사회의 대부분이 일반적으로 남성에게 유리하다는 것은 의심의 여지가 없다. 임금 격차가 있고, 《포춘》 선정 500대 기업의 최고 관리자 사이에도 성별 격차가 있다. 추측건대 세계 최고의 부자 명단이 있다면 여기서도 남성이 다수를 차지할 것이다(공식적인 연구는 아니지만 직접 세어보니 25명 중 21명이 남자였다).

그러나 다시 한번 솔직히 말하면, 정말 신경 쓰이는 또 하나의 격차가 존재한다. 학교생활을 시작할 때는 남학생과 여학생 모두 읽고, 쓰고, 계산하는 법을 배우느라 신나고 들떠 있다. 대체로 4학년 정도까지 이 흥분이 지속되지만 이 무렵 남학생들은 교육과정, 특히 읽기 영역에 흥미를 잃기 시작한다. 읽지 못해서가 아니라 단지 읽고 싶지 않기 때문이다.

그렇다면 학교는 어떻게 해야 할까? 초등학교 고학년에서 중학생 정도의 학생들을 지도하거나 그런 경험이 있는 사람들은 남학생들보다 앞서 생각해야 한다. 어떤 조치가 이루어지고 있는지 굳이 알리지 않고 남학생들이 독서하고 싶어지도록 조치를 취해야 한다. 한 가지 방법은 책을 그들 가까이에 두어 발견할 수밖에 없도록 하는 것이다. 그게 바로 남학생 서가다. 이것이 효과적일까? 물론이다. 그래서 여기까지 책을 쓴 것이다. 남학생 서가가 학교에서 논란을 일으킬 수 있을까? 솔직히 그럴 수도 있다. 그럼 남학생 서가가 생기면 남학생들이 책을 더 많이 읽을까? 말할 필요도 없다. 무엇이 가장 중요한가? 그건 여러분의 선택이다. 다만, 우리가 만들면 그들은 온다.

공감하는 독서의 힘

7장

1986년의 일이다. 한 선생님이 켄터키 동부의 산악지대에 있는 작은 미션스쿨에서 2년째 근무하며 6학년과 7학년이 함께 공부하는 반을 지도하고 있었다. 예체능을 뺀 전 과목을 가르쳤기 때문에 선생님과 학생들은 서로 잘 알았다. 그해에는 선생님이 결코 잊을 수 없을 두 번의 사건이 있었다. 첫 번째는 1986년 1월 28일 화요일, 두 번째는 4월 14일 월요일이었다.

역사적 지식이 있다면 1월 28일에 무슨 일이 일어났는지 알 것이다. 이날은 우주왕복선 챌린저호가 이륙하자마자 폭발하면서 교사 크리스타 매콜리프를 비롯한 탑승자 전원이 사망한 날이었다. 6~7학년 반 담임선생님은 교무실로 들어가다가 그 소식을 들었다.

전국의 많은 사람들과 마찬가지로 이 선생님 역시 그때 어디에 있었고 어떤 옷을 입었는지 결코 잊을 수 없을 거라고 말했다. 그 정도의 사건이었다. 선생님은 정신을 차리고 교실로 돌아가면서 학생들에게 이 충격적인 소식을 어떻게 전해야 하나 고민했다. 집에 TV가 있는 학생이 많지 않았기 때문에 학생들은 대부분 학교에서 새 소식을 들었다.

선생님이 특히 걱정한 이유는 자신이 과학, 특히 우주를 좋아해서 교사로서 왕복선 탑승에 지원하려고까지 한 사실을 모든 학생이 알고 있기 때문이었다. 선생님의 이런 관심사 덕분에 학생들은 왕복선이 발사되기까지의 준비, 절차, 훈련, 서두르고 기다린 모든 과정을 따라가며 파악하고 있었다. 그날이 오자 학생들과 선생님은 왕복선 발사에 성공했다는 소식을 듣고 다 같이 기념하고 축하하기만을 기다렸다.

하지만 선생님은 교실로 돌아가 미국의 우주 프로그램 역사상 최악의 비극이 일어났다는 소식을 전해야 했다. 아직 응답이 없지만 로켓 과학자와 관계자들이 폭발 후 생존자가 없을 것이라고 확신했다는 소식도. 학생들은 쉬는 시간이 끝나고 줄지어 들어오자마자, 종종 이야기를 들려주거나 농담으로 웃겨주던 선생님이 평소와 달리 참담한 얼굴이라는 사실을 알아차렸다.

선생님이 입을 열었다. "너희에게 전할 소식이 있어. 좋지 않은 소식이란다." 학생들은 의자 끝에 걸터앉았다. 6~7학년이었지만 아직 초등학교에 다니고 있었기 때문에 같은 나이에 중학생이 된 아이들이 가끔 보이는 모습에 비해 아직 마음이 여렸다(주, 혹은 학군마다 학제가 달라서 같은 나이여도 소속된 학교가 다를 수 있다.—옮긴이).

선생님은 말을 이었다. "모두 알겠지만 우린 우주왕복선 프로그램을 계속 지켜봤고, 선생님이 지원하려고 했던 자리에 들어간 크리스타 매콜리프 선생님이 오늘 탑승해서 출발하는 것도 봤지. 어떻게 말해야 할지 모르겠지만 왕복선은 발사되고 얼마 안 돼서 뭔가 큰 문제가 생겼어. 어떤 문제였는지는 아직 아무도 모르지만 왕복선 전체가 폭발해서 탑승한 사람들이 모두 죽었단다. 매콜리프 선생님도 말이야."

교실은 정적에 휩싸였다. 아무도 고개를 들지 않았다. 모두들 뭐라고 해야 할지 알 수 없었다. 선생님은 이때를 떠올리며 분명 몇몇 여학생들이 울고 있었다고 말했다.

그때였다. 6학년 자리 쪽에서 갑자기 말소리가 들렸다. 목

소리의 주인공은 평소처럼 비스듬하게 몸을 뻗고 한쪽 다리는 통로 쪽에, 한쪽 다리는 자기 책상 앞쪽에 걸쳐놓은 자세로 앉아 있었다. 이 아이는 늘 한 손에 연필을 들고, 절대로 껌이 아니라고 주장하는 뭔가를 씹고 있었다. 한쪽으로 넘긴 짙은 갈색 곱슬머리는 아주 엉망은 아니었지만 단정하게 손질했다고 보기도 어려웠다. 항상 지퍼가 달린 줄무늬 스웨터에 청바지, 상표 없는 낡은 운동화 차림이었다. 스탠은 느릿느릿 끌듯 말했다. "어…… 그럼 선생님이 그 프로그램에 못 들어간 게 좋은 일 아닌가요?"

처음에는 모두 경악했다. 여전히 정적이 흘렀다. 다들 멍해졌다. 그 분위기에 약간의 분노도 섞였다. 그렇게 말해서는 안 되는 일이었다. 학생들은 선생님이 불같이 화를 내리라고 짐작하며 반응을 살피면서 조용히 눈만 굴렸다. 분명히 스탠에게 불호령이 떨어질 텐데.

스탠은 어땠을까? 그 아이는 아주 당당하게 그대로 앉아 있었다. 히죽거리지는 않았지만 옅은 미소를 띠고, 왼손으로는 연필을 잡고 이리 뒤집었다 저리 뒤집었다 했다. 선생님은 그야말로 뭐라고 해야 할지 모르는 어정쩡한 모습으로 말없이 교실 앞에 서 있었다. 그러다 학생들이 깜짝 놀랄 정도로 환하게 웃으며 말했다. "그래, 스탠. 그랬으면 네가 매일 누구한테 수다를 떨겠니!"

"그러니까요, 선생님. 제 이야기가 어지간히 맘에 드시나 봐요!"

모두가 한바탕 웃었다. 앞으로 오랫동안 입에 오르내릴 끔찍한 사건으로 조금 전까지 슬픔에 잠겨 있었단 사실을 잊을 정도였다. 모두 눈물이 날 정도로 깔깔 웃었다. 이번에도 스탠이 해냈다. 심각한 공기를 깨고 반 전체 분위기를 띄울 수 있는 한 마디가 뭔지 알아낸 것이다.

스탠을 비롯한 이 반의 많은 아이들은 대대로 가난 속에서 살았다. 켄터키 동부의 산악지대에서 살아보지 않은 사람에게는 설명하기 어려울 정도로 혹독한 가난이었다. 하지만 선생님은 알았다. 몇몇 아이들의 집에 방문했고, 결코 잊지 못할 모습들을 보았다. 이 경험은 선생님이 세상을 이해하는 방식에 오래도록 영향을 주었다. 선생님은 아이들의 이야기를 들었다. 스탠의 이야기도 들었다. 스탠의 이야기는 나중에 조금 더 나올 것이다.

1985년에서 1986년 사이에 켄터키 동부의 작은 미션스쿨에서 선생님이 겪은 일 중 앞으로도 계속 기억에 남을 두 번째 사건은 1986년 4월 14일, 월요일에 일어났다. 선생님이 하루 휴가를 받은 날이었을까? 곧 알게 될 테니 잠깐 기다려 보라. 당시 대통령은 로널드 레이건이었고 위협적인 분위기가 팽배하던 냉전 시대였다.

국제무대에서 많은 나라들이 우위를 차지하고자 했고 어떻게든 국제적인 뉴스거리를 만들어 존재감을 드러내고 싶어 했다. 1985년 하반기에 리비아의 지도자 무아마르 카다피가 주요 공항 몇 개를 폭파하려고 한다는 소식이 전해졌다. 영해에서 몇 번 충돌을 빚기도 했다. 1985년 4월, 카다피는 베를린의 클럽에서 폭탄을 터뜨렸고 미군 한 명이 사망했다. 국제 정세는 극도로 위태해졌다. 이런 일들이 알려지자 많은 사람들은 미국이 무력으로 카다피를 몰아내야 한다고 주장했다. 그때는 그런 시대였다.

언급했듯 많은 학생들이 집에서 이런 뉴스를 접하지 못하는 상황이었으므로 선생님은 최선을 다해서 최신 소식, 특히 국제 정세를 전해주려고 노력했다. 상황이 너무 급박해지는 듯했기 때문이다. 다른 학생들은 대부분 몰랐지만 스탠은 정치에 매우 관심이 많았다. 누구도 짐작하지 못했을 것이다. 반 전체 토론이 끝나고 학생들이 다음 수업을 준비할 때, 스탠이 교탁으로 걸어와서 말을 걸었다.

"저기요, 선생님. 레이건이 어떻게 나올 거라고 보세요? 리비아와 카다피 할배에게 폭탄을 날릴까요?"

선생님은 27년 동안 쌓은 지식을 긁어모아 대답했다. "아니. 허풍이야. 카다피가 그렇게 생각하게 해서 물러서게 만들려는 거지." 이날이 1986년 4월 14일이었다.

"선생님 말씀이 틀렸다는 건 아닌데요, 대통령은 곧 폭탄을 날릴 걸요. 당장 오늘밤이라도." 스탠은 이렇게 말하고 나서 과학 수업을 듣기 위해 자리로 돌아갔다.

다음 날인 1986년 4월 15일 이른 아침, 레이건 대통령은 공군과 해군을 출동시켰고 예상도 못하고 있던 리비아에 60톤의 폭탄을 쏟아부었다. 정치적 견해에 대해서는 건너뛰겠다. 다만 산골 학교라는 작은 세계의 정치 전문가 소년은 왕이 된 기분을 느꼈다.

다음 날 아침 교실로 들어가는 스탠의 얼굴에는 숨기기 힘든 미소가 번져나왔다. "허풍이요? 선생님, 허풍이라고 생각하신다고요? 폭탄 60톤이요?"

선생님은 실컷 굴욕을 맛본 다음, 반 아이들을 모아 스탠의 예측에 대한 이야기를 들려주었다. 그날부터 교실에서는 국내 및 국외 소식과 정세에 관한 문제가 화제에 오르면 모두 스탠의 의견에 따랐다. 논쟁의 여지가 없었다. (테드 터너가 1980년에 CNN을 설립한 지 얼마 되지 않은 때였다.)

스탠에 대한 이야기에서 빠져서는 안 될 한 가지가 더 있다. 평생 책 한 권 제대로 읽어본 적 없는 소년의 머릿속에 깊은 인상을 남겨 독서를 시작하게 한 선생님의 어떤 행동에 대한 이야기다.

스탠은 글을 읽을 줄 모르는 것이 아니라 읽을 필요가 없었다. 그리고 그 아이에게 독서는 다른 일들만큼 재미있지도 않았다. 사냥개인 쿤하운드들을 데리고 아름다운 켄터키의 산악 마을을 돌아다니고, 비포장도로용 자전거를 타고, 깃발 빼앗기 놀이를 하는 것이 즐거웠다. 하지만 선생님이 이번에 읽어줄 책이라며 교실에 책 한 권을 가지고 온 그날, 모든 것이 변했다.

그 책은 선생님이 나눠준 인기 도서 책자를 보고 학생들이 책을 산 다음 쌓인 적립금으로 구매한 책이었다. 적어도 표지는 꽤 멋져 보였다. 멜빵바지를 입은 소년과 레드본 쿤하운드 사냥개 두 마리가 그려져 있었다. 스탠은 들어본 적 없는 작가였지만 원래 아는 작가가 거의 없었으므로 그러려니 했다.

그 책은 윌슨 롤스가 쓴 것으로,《붉은 고사리》와《나의 올드 댄 나의 리틀 앤》이 수록돼 있었다. 선생님도 이 책을 읽어본 적 없으니 처음으로 다 같이 읽어보자고 말했다. 이렇게 책읽기가 시작되었다. 선생님은 수업이 조금 일찍 끝나거나, 점심시간 전후에 몇 분 남았거나, 하교 전에 학생들이 가방을 빨리 싸거나 해서 조금이라도 시간이 날 때마다 책을 읽어주었다. 술술 읽어나갈 수 있는 책이었는데, 놀랍게도 그 내용이 스탠의 생활과 거의 일치했다. 믿을 수 없을 정도였다.

확실하지는 않지만 선생님은 스탠이 이렇게 생각했으리라고 짐작했다.

> 아니, 옛날 짐마차 같은 것들만 빼면 내가 썼다고 해도 되겠는데. 그리고 올드 댄과 리틀 앤, 두 마리도 우리 개들과 똑같고! 맙소사, 심지어 훈련시킨 방식도 똑같잖아!

정기적으로 책을 주문하는 시기가 돌아오자 스탠은 주문할 수 있는 책 목록에《붉은 고사리》가 있기를 간절히 바랐다. 다행히 그 책이 목록에 있었다. 스탠은 주문서를 집에 가져가지도 않고 바로 이름을 적은 다음 꼬깃꼬깃한 지폐 몇 장을 꺼내 그 자리에서 책값을 냈다. 다른 학생들이 주문서를 다 제출할 때까지 선생님이 정말로 일주일을 기다리려고 한다니 믿을 수가 없었다. 스탠은 그 책을 지금 당장 읽고 싶었다. 곧 재미있는 대목이 나올 차례인데 선생님이 읽어주기만을 기다릴 수가 없었다.

함께 책을 읽어나가는 동안 사냥개에게 사냥을 가르치고 훈련하는 내용이 나오면 스탠은 종종 손을 들고 자신의 훈련 방식과 어떻게 다른지 학생들에게 설명하곤 했다. 스탠 말고는 한 번이라도 라쿤 사냥을 해본 학생이 없어서 스탠의 이야기는 책의 내용만큼 중요한 부분이 되어갔다.

스탠은 언덕과 골짜기를 누비며 밤새 라쿤을 쫓았던 이야기를 해주었다(저지대에서 산으로 이어지는 지형이어서, 산간지방 방언에 능숙할 정도로 그 지역을 잘 아는 사람이 아니라면 다니기 힘든 곳이다). 라쿤 사냥이 한창인 시기면 어느 날은 누가 봐도 아침에 제대로 못 씻은 모습으로 나타나기도 했다.

"어젯밤에 라쿤 사냥했니?" 선생님이 물었다.

"밤새 했죠. 라쿤을 길 옆쪽으로 끌고 가야 해서 제때 버스도 못 탈 뻔했다니까요."

그날 올드 댄과 리틀 앤의 이야기가 흥미진진해지자 스탠도 개들을 데리고 영리하고 재빠른 라쿤을 쫓을 때 얼마나 멋졌는지, 어떤 소리가 났는지 묘사하며 따끈따끈한 지난밤 사냥 이야기로 학생들을 사로잡았다.

책이 끝나가는 아쉬운 날이 다가왔다. 결말은 그리 아름답지 않았다. 여러분이 직접 읽어보는 편이 나을 것이다. 책을 읽어주던 선생님의 목이 메어왔다. 아니, 사실 선생님은 눈물을 흘리고 있었다. 아닌 척 헛기침을 했지만 학생들은 다 알고 있었다. 선생님은 좀처럼 감정을 숨기지 못했다.

스탠은 감정을 숨기려고도 하지 않았다. 늘 꿋꿋해 보이던 뺨으로 눈물이 흘러내렸다. 선생님에게 가장 흥미로웠던 점은 스탠이 며칠 전에 책을 다 읽었지만 책읽기를 망치고 싶지 않다면서 친구들의 부탁에도 불구하고 결말을 말해주지 않았다는 사실이었다. 지금 스탠의 감정이 북받치는 이유는 책 때문이기도 했지만 책의 내용이 스탠의 삶 그 자체였고 가장 존경하는 선생님이 그 이야기를 소리내어 읽어주었기 때문이었다.

그날 이후 스탠에게 놀라운 일이 일어났다. 바로 스탠이 그 반에서 가장 열렬한 독서 애호가가 된 것이다. 스탠이 좋다고 말하는 책은 그야말로 좋은 책으로 인정받았다. 이후에도 스탠은 라쿤을 사냥하거나 산 속에서 생활하는 경험을 생생하게 이야기하여 모든 학생들을 사로잡았다.

스탠이 어디에 있든 그것은 곧 이야기가 되었다. 선생님은 스탠이 자라면서 언젠가 쿤하운드를 두 마리 더 기르게 되어 수컷은 올드 댄, 암컷은 리틀 앤이라고 이름을 지었으리라고 생각했다. 그랬다면 작가 윌슨 롤스는 그것을 지극히 자랑스럽게 여겼을 테고, 선생님 역시 그랬을 것이다.

배운 점

많은 선생님들은 학생들에게 소리내어 읽어주기를 좋아한다. 책 읽어주기는 종종 유치원에서 시작되어 최소한 중학교 국어 시간까지 계속된다. 스탠의 선생님은 특별히 심오하지는 않더라도 오늘날까지 울림을 주는 교훈을 하나 배웠다. 이 선생님이 교사로서 첫 담임을 맡은 곳의 문화는 어린 시절 자라온 문화와 많이 달랐다.

선생님은 뒤늦게 깨달은 점이 있다는 말을 종종 했다. 대학 시절에 애팔래치아 산악지대에 관한 수업까지 듣고 켄터키 동부의 산에 대해 최대한 많이 배우려고 노력했지만 자신이 얼마나 미숙하고 경험이 부족했는지, 그 지역의 문화에 대해 얼마나 아는 것이 없었는지 이제야 깨닫는다는 말이었다.

오랜 세월이 지난 후, 작가 J. D. 밴스는 이 선생님이 교사 생활을 했던 바로 그 동네의 이야기인《힐빌리의 노래》를 썼고 이 책은 베스트셀러가 되었다. 밴스는 그 산악지방을 떠났지만 그곳을 완전히 떠나는 데 성공하지 못했다고 말한다.

스탠의 선생님이 4년 동안 그 미션스쿨에서 만난 학생 중 스탠만큼 마음이 열린 학생은 드물었다. 선생님은 스탠이 그토록 열린 사람일 수 있었던 것은《나의 올드 댄 나의 리틀 앤》과 그 자신을 동일시한 덕분이었다고 믿는다. 스탠은 자신의 삶에 대해 말하는 책이 있다면 다른 책들은 다른 사람들의 삶에 대해 알려줄 수 있다고 믿었다. 초보 선생님이 시작한 책 읽어주기는 이처럼 두 사람의 삶을 완전히 바꿔 놓는 계기가 되었다.

관련 연구

교사의 소리내어 책 읽어주기에 관한 연구는 대부분 남학생과 여학생 모두에게 적용되는데, 스티븐 레인의 책《독서 열정에 불 붙이기》(Igniting a Passion for Reading)에 실린 스티븐 켈로그(2009)의 글을 중요하게 참조할 만하다. 켈로그는 아이들에게 가까이 다가가고 그들을 책으로 이끄는 방법의 하나인 소리내어 읽어주기의 힘에 대해 특히 구체적으로 이야기한다. 살면서 책 한 권 제대로 읽어본 적 없는 학생들에게, 교실에서 책을 읽어줌으로써 좋은 책에 주의를 집중하게 하는 것은 1분 1초도 버릴 수 없을 만큼 귀중한 일이다.

하지만 책 읽어주기의 즐거움과 가치가 어린아이에게만 해당되는 것은 아니다. 리사 앨런은 큰 아이들에게도 책 읽어주기가 아주 유익하다고 주장한다.

> 책 읽어주기를 계속하게 만드는 힘은 등장인물에게 화를 내고, 그들의 고통을 느끼고, 정의로운 분노를 경험하는 학생들의 얼굴이다. 그들이 등장인물과 함께 기뻐하거나 웃고, 사랑·행복·성취감·결백을 함께 느끼는 모습을 보면 책을 계속 읽어주게 된다. 여러분 없이도 활발하게 토론하는 것을 듣는다면 계속 시간을 내서 책을 읽어주게 될 것이다. 스스로 책을 읽지 않는 사람이라고 여겨서든 그저 읽고 싶지 않아서든 평소 책을 읽지 않던 아이가 책을 들고 다니는 모습을 본다면 여러분은 책을 읽어줄 가치가 충분하다고 느낄 것이다.[22]

한 발 더 나아가기

우리 공교육이 아동낙오방지법의 시대를 거쳐왔으므로 2002년부터 교육계를 괴롭혀온 '시험을 위한 교육'이라는 모델을 극복할 수 있으리라는 기대가 있을지도 모른다. 물론 학교에서는 시험이 아니라 일정 수준의 학력을 달성하도록 가르친다고 말함으로써 우려를 약간 덜어낼 수도 있지만 교육자들은 진실을 안다.

교육과정의 범위가 너무 좁아져, 시험에 나오지 않는 내용은 교과과정이나 교사용 수업 계획안에서 빠지는 학교가 많았다. 실외활동도 교육적 표준에 맞아야 했고, 매 순간 하나하나 직접 찍어주는 교육이 이루어져야 했다.

표준과 시험의 압박이 완전히 사라진 것은 아니지만 시험의 힘을 약화하려는 움직임이 일어나고 있다. 열정적이고 즐겁게 책을 읽어주고 듣는 시간이 매일 일정하게 계획적으로 이루어지기를 바란다. 너무 늦어버려 후회하기 전에 시작되기를 바란다.

책을 읽어주는 활동이 어떤 프로젝트나 시험, 과제로서가 아니라 좋은 이야기를 듣고 싶은 학생들의 진심에 따르는 것이기를 바란다. 스탠과 《나의 올드 댄 나의 리틀 앤》이 우리에게 가르쳐준 것이 있다면, 책에는 힘이 있고 그런 책을 소리내어 읽음으로써 독서와 가장 거리가 먼 이들의 마음마저 움직일 수 있다는 사실일 것이다.

기초, 참여, 완벽한 연습

8장

보충학습실 구석 뒷자리에 4학생 남학생 세 명이 키득거리며 앉아 있다. 읽기 보충학습 시간에 일찍 도착해서 슬쩍 들어와 있던 아이들이었다. 아이들이 뭔가를 보면서 속닥거리고 있을 때 선생님이 교실로 들어왔다. 선생님은 아이들이 뭘 하는지 궁금해서 살짝 가까이 가보았다. 가져오면 안 되는 물건이라도 가져왔나? 이상한 책이라도 보고 있나? 뭘 저렇게 열심히 보고 있을까? 아이들은 하도 열중한 나머지 선생님이 가까이 다가와도 눈치채지 못했다. 선생님은 깜짝 놀라 멈춰 섰다. 아이들은 금지된 책이나 사진을 가져온 것도 아니고 다른 학생들 험담을 하는 것도, 몰래 간식을 먹는 것도 아니었다. 아이들은 책을 읽고 있었다.

읽기 보충학습 시간에는 짧은 이야기를 어느 정도 능숙해질 때까지 두세 번 반복해서 읽어야 했다. 한 챕터에서 두세 장마다 어려운 부분이 나왔다. 아이들은 이 부분을 읽으며 더 잘해내겠다는 의욕을 다지고 다음 단계로 넘어가야 어떤 내용이 나오는지 알 수 있었다. 세 아이는 이번 수업자료를 읽으면서 다음 단계로 넘어가도 된다고 허락받을 때까지 기다릴 수 없어서 몰래 뒷부분을 읽고 있었던 것이다. 선생님은 말문이 막힌 채 교실 앞쪽으로 가서 채점하는 척하며 아이들의 자발적인 읽기 연습을 흐뭇하게 지켜보았다.

학생들과 관련된 일을 하는 사람이라면 언젠가 알게 된다. 읽기를 좋아하는 학생이 있고 그리 좋아하지 않는 학생이 있다는 것을. 여기에 더해 선생님들은 읽기를 별로 좋아하지 않고 힘들어하는 학생이 대부분 남학생이라는 점도 곧 깨닫는다.[23] 읽기는 모든 과목의 입구다. 자전거 타기나 운동 경기, 악기 연주처럼 연습이 필요한 다양한 기술에 비유되고 말이다.

알다시피 새로운 기술을 익히려면 초보적인 수준에 도달하기 위해서도 꽤 많은 노력이 필요하다. 예컨대 읽기에서 초보 단계는 발음, 읽고 이해하기 정도다. 유명한 미식축구 코치 빈스 롬바디는 이렇게 말했다. "연습한다고 완벽해지지 않는다. '완벽한' 연습을 해야 완벽해진다." 그렇다면 이 말은 읽기 실력 향상과 관련해서 어떤 의미가 있을까? 특히 독서를 별로 좋아하지 않고 힘들어하는 남학생들에게는 어떤 의미가 있을까?

이 질문에 대한 답, 특히 독서를 힘들어하는 청소년에 대한 답은 미드웨스턴 대학교 교육대학 교수들이 기획하고 시행한 프로젝트에서 찾을 수 있을지도 모르겠다. 사전에 대학 강사가 대학생을 두 집단으로 나누어 읽기 활동에 참여하게 했고, 이후 대학생들이 강사의 지도 아래 청소년 교정시설 재소자와 짝을 지어 일주일에 세 번 오후에 만나 프로젝트를 진행했다.

한 집단은 읽기의 유창함(속도)과 단어 인식 능력, 즉 단어의 구조, 소리, 조합, 발음하는 법 등에 초점을 두어 연습했다. 다른 집단은 독서에 대한 애정, 내용 이해, 재미 등에 초점을 맞춘 활동에 참여했다. 그리고 프로젝트를 시작하기 전과 4개월 동안 프로젝트를 진행한 다음의 성취도를 측정했다. 전체 참여자 중 56퍼센트가 남성이었다. 4개월 후 읽기 능력을 측정해보니 일반적인 학습 지도만 받은 집단에 비해 재미를 추구하는 활동에 참여한 집단이 훨씬 많이 향상되었다. 두 번째 집단은 첫 번째 집단에 비해 단어 읽기, 단어 이해, 내용 이해 영역에서 뚜렷한 향상을 보였다. 특히 내용 영역에서 실력이 많이 향상되었다.

그뿐만 아니라 참여자들의 교정시설 퇴소 1년 뒤 모습을 조사해보니, 재미에 초점을 둔 교육활동에 참여한 학생들이 훨씬 높은 비율로 계속 그 지역과 가정의 테두리 안에서 살고 있었다. 이 연구는 독서에 적극적이지 않은 학생들도 분명히 발전할 수 있고 청소년기에 개입하는 것이 효과적일 수 있다는 사실을 보여준다.

무엇이 차이를 만들어냈을까? 일단 어린 독자들이 연습하고, 읽고, 참여하고 '싶어 했다'는 사실을 생각해볼 수 있다. 참여자들은 대부분 프로젝트가 진행되는 동안 즐거운 기색이 역력했고, 매번 읽기 활동에 참여하기로 선택했다. 이들이 받게 되는 이득이나 동기는 일주일에 몇 번씩 자신에게 신경을 써주고 읽기 실력을 향상시켜주려는 대학생과 교류할 수 있다는 점이었다. 한편 대학생들이 얻게 되는 보상은 그 경험 자체의 즐거움과 타인에게 봉사하는 기쁨이었다. 대학생들은 의욕 넘치는 참여자들이 함께 읽을 책을 고르도록 도와주고 번갈아 소리내어 읽은 다음 체계적인 기법에 따라 한 단원씩 논의했다. 이들은 점차 관계를 쌓아가며 일주일에 세 번씩 '거의 완벽한' 연습을 반복했다.

이 '도서관' 프로젝트의 또다른 특징은 모두 새 책을 사용했다는 점이다. 프로젝트를 시작하기 전에, 이 책의 저자를 포함한 연구원들은 대학교에서 몇 시간 거리에 있는 스콜라스틱 북페어 창고에 다녀왔다. 스콜라스틱 출판사에서는 방대한 도서목록 중에서 특히 남성 참여자의 관심사에 맞는 책을 포함하여 남녀 모두를 위한 책을 선정했다. 대학생 참여자들은 프로젝트에 적합하다고 느끼는 책을 다양한 주제와 읽기 수준에 따라 고를 수 있었다.

나중에 밝혀진 바에 따르면 교정시설 쪽 참여자 중에는 새 책을 가져보거나 읽어본 적 없는 학생들이 많았다. 이 프로젝트에 참여하기 전에는 책에 푹 빠져보거나 책 한 권을 끝까지 읽은 경험이 없는 학생들이 많았던 것이다. 이들은 이 프로젝트를 통해 마음에 드는 책을 골라서 선물로 받을 수 있었다. 아마도 이 책을 읽는 여러분에게는 새 책을 손에 들고, 읽고, 고르고, 소유하고, 끝까지 읽는 것이 평범한 일이겠지만 이 연구의 참여자들에게는 새롭고 중요한 일생일대의 경험이었다. 곧 알게 되겠지만 이것은 뒤에서 소개하는 패리스 박사의 연구에서도 발견된 중요한 요소다. 남자아이들이 읽기를 좋아하는 이유 중 하나는 '새 책을 읽을 수 있어서'이다.

선생님은 학생을 도와주는 직업이다. 학교에서 학생들의 교육과 학문적 발전을 추구하는 직업을 선택한 덕분에 자연스럽게 읽기와 쓰기에 관심이 많고 대개 그와 관련된 능력도 갖추고 있다. 그리고 선생님들은 오락적 독서를 좋아하는 경우가 많아서 독서를 싫어하는 사람은 이들이 보기에 낯설고 이해하기 어려울 수도 있다. 다시 말해서 아주 공감능력이 뛰어난 선생님이라도 독서에 어려움을 겪는 학생에게 공감하기 어려울 수 있다는 말이다. 위에 소개한 프로젝트의 내용은 이런 경험의 차이를 줄이는 데 도움이 될 수 있다.

배운 점

'도서관 프로젝트'의 연습 방식은 다양한 조건과 연령 집단에 적용될 수 있다.

연습	초등학교 저학년	초등학교 고학년	중·고등학생
❶ 유창성 및 단어 인식 연습과 이해 연습을 결합하기	읽기를 그리 좋아하지 않는 아이들은 실력이 부족한 것을 부끄러워하는 경우가 많다. 짧은 글과 청각 자료를 함께 제공하여 내용을 들으며 반복 연습할 수 있게 해주자. 읽기 자료를 잘 읽게 되면 어른이나 친구에게 읽어줄 시간을 스스로 선택할 수 있게 하자.	또래지원 학습전략(Peer Assisted Learning Strategies, PALS)*을 이용하면 지도받는 연습, 긍정적인 사회적 교류, 체계적인 이해 연습을 동시에 할 수 있다.	또래지원 학습전략(PALS)*을 이용하면 지도받는 연습, 긍정적인 사회적 교류, 체계적인 이해 연습을 동시에 할 수 있다.
❷ 읽기 연습이 긍정적 경험이 되게 하기, 긍정적 본보기를 이	어른이나 형들이 어린 남학생과 함께 글을 읽음으로써 즐거움과 열정	남학생 북클럽은 연습과 참여를 장려하는 데 효과적인 수단이다. 또래	청소년은 사회적 접촉을 무엇보다도 중요하게 여기므로, 긍정적인 또래 관계나 '멋져 보

용하기	을 보여줄 수 있다.	나 어른과의 사회적 교류, 그리고 스스로 책을 선택하는 것이 핵심이다.	이기'와 관련이 있다면 어떤 것이든 문해력 발달을 촉진하는 데 도움이 될 수 있다.
❸ 완벽에 가까운 연습이 되도록 지도하기	기술의 도움을 받을 수 있다. ❶번 항목에서처럼 반복해서 듣기, 짝을 지어 반복해서 읽기, 또래와 함께 연습하기 등은 완벽한 연습으로 통하는 훌륭한 방식이다.	또래지원 학습전략(PALS)*에 따른 독서 관련 대화 나누기.	또래지원 학습전략(PALS)*에 따른 독서 관련 대화 나누기.
❹ 독자의 마음을 사로잡는 읽기 자료를 제공하기	남학생들은 시각적으로 매력적인 자료에 반응한다. 남학생 대상의 서가에 누가 봐도 새 책이거나 잘 관리된 책을 비치하는 것은 참여와 연습을 유도하는 중요한 요소다.		
❺ 선택을 제한하지 말기	짝을 지어 책을 선택하도록 한다. 초등학교 교사는 이런 활동에 능숙하다. 잡지, 설명서, 표를 포함하는 짧은 문서 등으로 남학생의 관심을 끌 수 있다.	독서를 그리 좋아하지 않는 학생들은 그림과 표, 기술적 정보가 들어있는 책을 선호하는 경향이 있다. 글씨가 많지 않고 시각적으로 관심을 끄는 책은 호기심과 참여를 유도하기에 적절하다. 시리얼	관심과 흥미는 문해력 발달에 매우 중요한 측면이다. 학생의 읽기 수준에 비해 상당히 어려운 글이라도 관심 있는 내용이라면 충분히 잘 읽을 수 있다. 학생이 좀더 어려운 글을 읽고 싶어 한다면 다양한 주제와 관심사를 탐색하도록 허락해주어야 한

		상자에 적힌 글이라도 읽기 연습에 도움이 될 수 있다.	다. 이 과정에서는 주변의 도움이 매우 중요할 수 있다.

*참고 https://iris.peabody.vanderbilt.edu/module/pals26/
https://iris.peabody.vanderbilt.edu/module/palshs/

관련 연구

그렇다면 단어의 발음, 참여, 연습의 공통점은 무엇일까? 앞서 살펴봤듯 완벽한 연습을 하려면 일단 연습을 해야 한다. 그리고 사회적으로 체계가 잡혀 있거나 지도를 받으며 하는 연습이 혼자 하는 연습보다 더 정확한(완벽한) 경향이 있다. 특히 독서를 별로 좋아하지 않고 낯설어하는 학생의 경우 더욱 그렇다. 발음은 읽기와 관련된 모든 활동에 기본으로 포함된다. 이런 과정이 자동적으로 이루어질수록 더욱 유창하고 매끄럽게(이해 가능하게) 읽을 수 있다.

연습을 하면 더 유창하게 읽을 수 있고 자신감도 높아지며 재미도 느낀다. 쉽고 재미있는 경험은 더 많은 참여와 연습을 유도하고, 활동 자체를 반복하고자 하는 선택으로 이

어진다. 미국 국립 읽기위원회National Reading Panel에서는 읽기에 중요한 요소로 유창성을 추가했다. 이것은 교육자들이 시간과 주의를 기울일 가치가 있는 요소다.

또한 몇몇 연구에서는 학생들이 어려운 읽기 자료를 사용하고 체계적인 지원을 받으며 상대와 함께 읽기를 연습할 때 읽기와 쓰기 실력이 뚜렷하게 향상될 수 있다는 점을 보여준다.[24] 이 연구에서 말하는 자료에는 소설과 비소설이 모두 포함된다. 북클럽의 긍정적 측면은 함께 읽을 상대가 있고 관심 있는 책을 찾아볼 장소가 있다는 점인데, 이 또한 남학생들을 참여와 독서에 대한 애정으로 이끌 수 있다.

한 발 더 나아가기

책에 무관심하거나 힘들어하는 아이들과 함께 일하는 이들에게 마지막으로 한 마디 남기고 싶다. 아이들은 강력한 동기가 있으면 자기 수준에 비해 어려운 책도 읽어낸다. 어떤 이유로든 그 책에 관심이 있으면 된다. 이 점을 이해하자.

이 책의 저자들은 이 점이 특히 남학생들에게 적용된다는 사실을 발견했다. 연구자와 전문가들의 조언에 따르면, 예부터 학생들은 비공식적 시험이나 평가에 따라 '수준에 맞는' 읽기 자료를 접해왔다. 자료에 대한 학생의 흥미는 그다음 문제였다. 그러나 최근 연구를 통해 밝혀진 점이 있다. 학생이 자료에 매우 흥미를 느끼고 그것을 읽고자 하는 동기가 강력하다면 그 학생에게 무척 어려워 보이는 자료라도 읽고 이해할 수 있는 경우가 많다는 사실이다.[25]

우리는 이렇게 읽기를 힘들어하거나 싫어하는 학생, 특히 초등학교 고학년 이상의 남학생들과 함께 나아가면서 교훈을 얻는다. 그 아이의 학년에 맞는 수준, 지식의 깊이, 유창성, 이해 수준, 어휘력 대신 열정적인 참여와 완벽한 연습에 더욱 초점을 맞추어야 한다는 점이다. 열정적 참여와 완벽한 연습은 남학생들의 독서에 중요한 의미가 있는 요소다. 어쩌면 지금이야말로 아이들이 읽고 싶어서 못 견딜 새 책과 함께 진정한 선택권과 기회를 주어야 할 때인지도 모른다.

책을 가까이 놓아주기

9장

오늘날 남성 독자들과 그들을 염려하는 사람들이 마주한 가장 큰 문제는 책을 접할 수가 없다는 점이다. 특히 온라인 쇼핑 시대가 열리면서 대형서점 혹은 작은 동네서점에라도 발을 들여놓을 일이 없는 세대에서는 더욱 문제가 크다. 어떻게 하면 교육자와 학부모들이 통장을 탈탈 털거나 스트레스를 주지 않고 아이들의 손에 수준 높고 재미있는 책을 쥐여줄 수 있을까?

어쩌면 더 근본적인 질문은 이것일지도 모른다. 남학생들이 새로운 유형, 새로운 시리즈, 새로운 작가, 새로운 장르의 책을 읽어보게 하려면 선생님들은 어떻게 해야 할까? 더 중요한 질문도 있다. 남학생에게 독서를 장려할 방법, 나아가 그들이 독서를 좋아하게 되어 책을 집어 들지 않고는 못 견디게 할(이것이야말로 우리의 목적이다) 방법은 무엇일까?

저자인 우리가 어렸을 때는 책이 어디에나 있었다. 할아버지 할머니 댁에 가면 최신 잡지와 신문을 훑어보며 느긋하게 오후를 보냈다. 이동하는 차 안에서도 내내 도서관에서 빌려온 책들을 읽었다. 그때는 도서관에 책을 빌리러 자주 갔고, 그곳에서 귀중한 시간을 보냈다.

저자 중 한 명은 책을 살 여유가 없는(혹은 꼭 필요하지 않은 일에 쓸 돈이 없는) 대가족 속에서 자랐다. 도서관에서 일하는 친척이 가끔 와서 차 트렁크를 열면 꼭 그 안에 서점이 통째로 옮겨온 것 같았다. 남자아이 셋을 비롯한 모든 아이들은 폐기 처리된 아동 서적을 꺼내는 친척을 존경의 눈빛으로 바라보았다. 책에 굶주렸던 아이들은 몇 주 동안 머릿속에서 낯선 장소로 여행을 떠나, 책이 아니면 얻을 수 없었을 놀라운 경험을 만끽했다. 이렇게 독서의 즐거움과 가치를 배우면서 저절로 읽기 실력도 키울 수 있었다.

또다른 저자 역시 비슷한 마법을 경험했다. 시내에 있는 공립도서관은 낡고 퀴퀴한 집을 도서관으로 꾸며놓은 곳이었다. 좁은 계단을 내려가면 아동 도서 구역이 있었다. 책 수

백 권이 빽빽이 들어찬 비좁은 지하실은 형제 넷에게 금세 훌륭한 친구가 되어주었다. 남자아이들이 좋아할 만한 책을 찾아 서가를 뒤져보면 헬렌 풀러 오튼의 《해적 떡갈나무의 수수께끼》(Mystery in the Pirate Oak) 같은 추리소설이 금방 튀어나오곤 했다. 읽고 또 읽어서 지금까지 생각나는, 가장 좋아했던 책이다. 그 낡은 집이 아직 도서관이라면 지금도 어디에 어떤 책이 있는지 틀림없이 찾아낼 수 있으리라.

그런데 도대체 이게 왜 중요할까? 그 오래전, 교육자들의 어린 시절에 도서관이 그토록 중요했다는 사실을 왜 알아야 할까? 지금도 아이들은 스콜라스틱 도서전, 아마존, 폴렛, 반스앤노블에서 책을 살 수 있지 않은가? 돈과 시간과 기회가 있으면 여전히 이런 곳에서 책을 사는 아이들이 분명히 있다.

오랜 세월 초등학교 교장으로 살아온 저자는 스콜라스틱 도서전이 열리는 시기를 매우 좋아했다. 창밖에 책 트럭이 학교로 들어오는 모습이 보이기만 해도 학생들이 들떠서 와글거리기 때문이다. 점심시간이나 체육시간에 이동하면서 도서실을 지나가면 온갖 신비가 가득 담긴 커다란 강철 상자가 보였다. 남학생들은 줄을 서서 투덕대며 장난을 쳤고 여학생들은 같이 줄을 선 친구들과 속닥거리기 바빴다. 아이들은 집에 가서 엄마 아빠에게 도서전이 열렸으니 돼지저금통을 깨야겠다고 하거나 돈을 달라고 말하고 싶어 안달이 났다.

하지만 부모가 "미안하다, 내일 줄게"라고 말하고 아이가 이 일을 잊어버리길 바라는 상황이라 도서전에서 책을 살 수 없는 아이들도 많았다. 아이들은 오늘 돈이 없으면 내일도 없다는 것을 알기에 다시 조르지 않았다. 슬픈 일이지만 책을 살 돈과 특권을 누리는 아이와 그러지 못하는 아이가 종종 뚜렷이 대비되곤 했다.

교사나 교장이라면 돈이 없는 학생이 간절한 눈빛으로 책을 바라보는 모습을 본 적이 있을 것이다. 선생님들이 슬쩍 도서전에 가서 한두 권 사주기도 하고 말이다.

우리가 아이들에게 주어야 하는 최고의 선물은 어떤 시험이나 교육 활동, 교재보다도 독서 의욕을 북돋아주고 흥미를 끄는 책을 마음껏 접할 수 있게 해주는 것이다. 그러나 그마저도 많은 학교에서 소수의 학생들만 누릴 수 있는 특권이라는 사실이 안타깝다. 이런 열악한 환경은 쓰기 영역에서도 마찬가지다. 우리처럼 독서를 좋아해서 책을 끼고 사는 사람들은 아이패드, 스마트폰, 전자책 단말기에 책을 넣어 가지고 다니거나 종이책을 늘 가지고 다닌다. 심지어 '어비블리오포

비아'(abibliophobia, 읽을거리가 줄어드는 것에 대한 공포)가 있는 사람들도 있다.

이처럼 읽을거리가 없는 상황을 두려워할 정도의 열정은 어디서 오는 것일까? 어쩌면 초등학교 담임선생님이 심어준 것일지도 모른다. 한 선생님이 겁 많은 1학년 남학생을 근엄한 교감선생님에게 보내서 땅콩버터 샌드위치에 대한 이야기를 읽게 했다. 엄숙하고 진지하던 교감선생님은 웃음을 터뜨리며 자신이 땅콩버터 샌드위치를 아주 싫어하고 네 담임선생님도 그걸 알고 계신다고 말했다. 그 학생은 어른들이 유쾌한 장난을 쳤다는 사실을 금방 알아차렸다. 교감선생님은 이렇게도 말했다. "너는 책을 참 잘 읽었구나." 그다음 학년이 끝날 무렵, 사서선생님은 곧 3학년이 될 그 아이를 따로 불러서 6학년 서가에서 책을 골라도 된다고 말해주었다. 그 책들이 더 수준에 맞을 거라고 말이다(사서선생님은 그걸 어떻게 알았을까?).

부모님과 가족들 역시 이처럼 독서에 대한 애정을 이끌어내고 심어주는 데 중요한 역할을 할 수 있다. 저자 중 한 명은 초등학교 저학년 시절 몇 달 동안 앓아누운 적이 있었다. 하루 종일 다양한 방송을 볼 수 있는 TV나 아이패드가 나오기

전이었고(심지어 팩맨 게임조차 없었다), 어린아이가 몇 달 동안 의미 있는 일을 하면서 시간을 보낼 만한 빠르고 간편한 수단이란 전혀 없었다. 그때 저자의 오빠가 도와주려는 의욕에 불타는 채로 등장했다. 오빠는 그 따분한 몇 달 동안 매일 학교 수업 교재와 책을 가져와서 읽어주었고, 여동생이 읽는 것도 들어주었다.

썩 바람직한 상황은 아니었지만 이처럼 저자는 병석에서 일찍부터 갈고닦은 읽기 능력을 토대로 학교생활을 하고 교사가 되었다. 독서에 대한 열정은 결코 시들지 않았다. 그렇다고 독서에 대한 열정을 불태우기 위해 반드시 훌륭한 책을 읽거나 병석에 누울 필요는 없다. 선생님들의 이야기를 들어보면 '하디 형제'(The Hardy Boys) 시리즈(1920~1930년대에 크게 인기를 끈 작품으로, 형제인 소년들이 범죄 사건을 해결하는 이야기.—옮긴이), 낸시 드루와 톰 스위프트(10대 소녀 낸시 드루가 탐정이 되어 사건을 해결하는 이야기의 등장인물들.—옮긴이)가 나오는 미스터리 시리즈를 주말 동안 모조리 읽어낸 아이들도 있으니 말이다.

한 선생님은 30년 전에 가르친 킴이라는 여학생 이야기를 해주었다. 이 학생은 매우 수줍었고 말도 거의 없었지만 책을 정말 좋아했다. 이 선생님은 어떻게든 킴과 교류할 방법을 찾다가 학급 도서위원이 되어달라고 부탁했다. 킴은 제안을 수락했고, 2년 동안 학급 도서를 관리했다. 선생님의 생각대로 킴은 잘해냈다. 30년이 지나 선생님은 킴의 소식을 들었다. 도서위원 경험이 킴에게 큰 의미가 있었던 것이 틀림없었다. 킴은 대학교에서 영어와 도서관학을 전공했고 20년 동안 닦은 실력으로 마침내 도서관 사서가 되었다고 한다.

배운 점

어떤 사람들은 종이책이 곧 신문처럼 몰락의 길을 걷고, 모든 책이 전자책으로 바뀌거나 앞으로 발명될 신기술을 활용해야 할 거라며 두려워한다. 많은 다른 독자들에게 그렇듯이, 소년들에게 직접 만지고 느껴볼 수 있는 책을 대체할 것은 없다. 만약 종이책이 퇴물이 된다면, 우리는 문화의 귀중한 부분을 잃어버리게 될 것이다.

남자아이들은 표지가 밝고 선명해서 시선을 잡아끌고 제목이 눈에 잘 띄는 책을 정말로 좋아하는 듯하다. 대부분의 남학생과 젊은 남성들이 대형서점이나 온라인 서점에 발을 들이지 않는다는 사실을 감안하면, 책을 판매하고 홍보하는 이들은 책 시장에서 어떻게 남자아이들의 주의를 끌지 더 연구해야 할 것이다. 우리 두 저자는 그 어떤 노력이든 기울일 가치가 있다고 권하고 싶다.《윔피 키드》시리즈,《캡틴 언더팬츠》(Captain Underpants) 시리즈,《기네스북》시리즈의 작가들은 이 말에 동의할 것이다.

관련 연구

몇몇 연구에서는 학생들이 책을 읽을 때와 전자 기기를 사용할 때 읽기와 이해도가 어떻게 달라지는지 조사했다. 한 연구에서는 33명의 참여자 중 29명이 화면보다 종이에 쓰인 글을 읽을 때 더 많은 정보를 받아들이는 경향이 있었다.[26] 또한 추가 연구에 따르면 특히 자료가 어려운 경우 많은 학생들이 화면보다 종이를 선호하는 것으로 드러났다. 이 주제에 관한 정보와 논의에 대해서는 클린턴의 책(2019)을 참고하라.

한 발 더 나아가기

분명히 신기술은 읽기의 대상과 방식을 포함하여 삶의 모든 면을 바꿔놓고 있다. 구글이 등장하자 클릭 몇 번만으로 정보 조각들을 건져낼 수 있게 됐다. 아마존이 등장하자 신나게 상점을 둘러보는 시간은 몇 분 동안 화면을 보는 시간으로 바뀌었다. 상점들은 이제 배달·수거 서비스를 제공한다. 컴퓨터와 TV 화면은 한때 책에 푹 빠져 있던 젊은 시청자들을 유혹하는 프로그램들로 가득하다. 어떤 변화는 받아들이기 쉬운 반면 적응하기 어려운 변화도 있다. 하지만 그 변화가 계속될 것이고 우리가 그에 맞춰 변해야 한다는 것을 모르는 사람은 없다.

어른들은 이 변화에 어떻게 반응해야 할까? 그리고 이 새로운 문화로 나아가는 동안 우리는 무엇을 기억해야 할까? 가장 중요한 점은 모든 아이들의 손에 책을 들려주기 위해 가능한 모든 조치를 취해야 한다는 것이다. 가끔 불가능해 보이는 일이라도 해야 한다. 비싼 책이든, 저렴한 책이든, 디지털 책이든, 아이들이 읽고 싶어 하기만 한다면 말이다.

- ✦ 도서전을 열자는 제안이 오면, 책을 구매할 수 없는 학생들을 위해서나 학급 문고를 위해 학부모교사협의회나 지역 단체에서 자금을 지원받을 수 있다.
- ✦ 아이들이 능숙하게 읽고 자신감을 키울 수 있도록 연습할 기회를 주는 데 귀한 시간을 투자해야 한다. 매일 읽기 시간을 정해서 연습하는 것이 중요하다. 이 시간에

는 좋은 책을 귀로 듣고, 눈으로만 읽거나 상대와 함께 읽는 연습을 할 수 있다.

- 어떤 사람들에게는 디지털 책이 잘 맞지만 그렇지 않은 사람도 있다. 많은 독자들은 어려운 글을 디지털 책으로도 쉽게 이해할 수 있지만, 읽기 능력이 부족한 독자에게는 적합하지 않을 수 있다. 이런 아이들에게는 인쇄된 책을 접할 수 있는 환경이 중요하다.
- 도서관 나들이가 과거의 유물이 될 이유가 없다. 대부분의 지역 도서관은 자립적이고 의미 있는 곳으로 남기 위해 스스로 변화를 모색함으로써 문화적 변화에 대처하고 있다. 도서관에 자주 방문하여 이 놀라운 자산을 지키는 일은 도서관을 굳건히 버티게 할 뿐 아니라 아이들을 돕는 또 하나의 훌륭한 방법이다.

독서에 대한 애정이 아이들의 삶에 계속 소중한 부분으로 남도록 어른들이 함께 노력해야 한다.

조금 더 기대하기

10장

"도널드 존스, 1919년 3월에 태어나 1945년 8월에 죽다."

"사랑받는 아들이자 형, 평화롭게 잠들다."

"메이블 스미스, 1889년 출생, 1956년 사망."

사람들이 언어 능력을 염려할 정도였던 데이비드가 왜 묘비명을 중얼거렸을까? 평소 데이비드의 소통 방식은 노래하듯 가락을 붙이거나 들은 말을 따라하는 식이었다. 데이비드를 지켜보던 담임선생님과 통학버스 기사는 데이비드가 버스를 타고 매일 두 번씩 지나치는 묘지에 위와 같이 적힌 묘비가 있다는 사실을 알게 되었다.

데이비드는 시간이 갈수록 더 많은 묘비명을 줄줄 말했다. 이 아이는 화강암 조각에 새겨진 단어를 이해하는 법을 배운 모양이었다. 교육자들은 데이비드에게 필요한 부분을 어떻게 채워줄지 알아내야 했다.

데이비드는 영유아기와 유치원 시절에 인쇄된 자료를 거의 접하지 못하다시피 했고 충분한 자극도 받지 못했다. 학교에 들어가 데이비드는 극심한 인지 장애가 있는 아동을 위한 프로그램에 배정되어 몇 달을 보냈다. 자폐 스펙트럼 진단을 받은 적은 없지만 그와 일치하는 행동이나 습관이 많이 보였다. 데이비드는 사과 소스 같은 부드러운 음식만 먹었다. 스스로 생각할 수 있는 경우가 매우 드문 듯했고 때때로 문제되는 행동을 했다. 변화에 적절히 대응하지 못해 떼쓰고 짜증내는 일이 잦았다. 학교에 결석할 만큼 크게 아픈 일은 드물었지만 앙상하게 말랐고 몸이 약한 듯했다.

우리에게 이 이야기를 들려준 사람은 데이비드처럼 공부보다 생활 능력과 간단한 지식이 필요한 아이들을 가르치던 선생님이었다. 처음에 데이비드는 다른 아이들보다 더 도움이 많이 필요해 보였다. 하지만 데이비드가 할 수 있는 일을 발견한 선생님은 다른 교사에게 함께 봐달라고 부탁했다. 부탁을 받고 와서 지켜보던 동료 교사는 초급 단계의 짧은 책을 읽는 데이비드를 보고 깜짝 놀랐다.

어찌된 일인가 하면, 몇 달 학교에 다니던 데이비드가 묘비명 같은 흥미로우면서도 이상한 구절을 내뱉기 시작한 것이었다. 매일 학교를 오가면서 묘비를 보고 읽는 법을 깨우친 모양이었다. 어쩌면 입학 전에도 이런 돌덩어리를 많이 보았거나, 입 밖으로 나오지는 않았으나 오랫동안 누군가가 읽어준 구절이 머릿속에 남았을지도 모르는 일이었다.

좀 이상한 구절이지만 데이비드가 분명 읽고 있다는 사실을 처음 발견한 선생님은 짧은 책을 주고 능숙하게 읽을 수 있도록 연습을 시켰다. 어떤 단어에서 막히거나 중요한 문제가 생기면 누군가 대신 읽어주었고, 데이비드는 마침내 기초적인 읽기와 쓰기 실력을 갖추었다. 선생님은 데이비드가 더 많이 배우고 능력을 키울 환경으로 옮겨가야 할 때라고 느꼈다. 두 선생님은 이를 위해 행정실과 부모님들의 허락을 받았다.

춥고 눈 오던 날, 데이비드는 새로운 교실에 나타났다. 여전히 도움을 받아야 할 부분도, 재능도 있었다. 데이비드는 새 반에 적응했고 발전을 위해 노력했다. 전에 언급한 대로 계속 몸이 좋지 않았기 때문에 하루에도 몇 번씩 보건실에 가면서 보건선생님과 매우 친해졌고, 학교 행정실 직원들과도 가까워졌다. 교장선생님도 데이비드에게 각별한 관심이 있었다. 하지만 그들 중 아무도 데이비드에게 어떤 기대를 해야 할지, 이 아이의 잠재력을 어떻게 다뤄야 할지 몰랐다.

데이비드는 자기 방식대로 해나갔다. 변화를 거부하는 성향 때문에 어떤 일이 일어나든 편안하게 느껴져야 했으므로, 읽을 책과 반응하는 방식(쓰기, 말하기, 그리기 등)을 스스로 선택하고 보건선생님이나 교장선생님과 교류하기 위해 교실에서 나가도 된다는 허락을 받았다.

겨울이 지나고 봄으로 접어드는 사이, 새로운 선생님과 함께 노력하는 동안 데이비드의 읽기 실력이 천천히 좋아졌다. 단어 인식 능력과 이해력이 나아지고 있었지만 내용을 잘 이해하는지는 여전히 평가하기 힘든 상태였다. 언어를 구사하기가 어려우니 글을 이해했는지 명확히 파악할 수가 없었다.

의욕이 부족한 것은 아니었다. 이 아이를 만나는 사람들은 모두 놀랐다. 데이비드는 상당한 난관에도 불구하고 읽고 쓰기의 세계에서 나아가고자 하는 의지가 대단한 '꼬마 상남자'로 금세 유명해졌다. 이제 고향처럼 익숙해진 그 반에서 2년을 보낸 뒤, 데이비드의 읽기 실력은 자기 나이 수준보다 약간 쉬운 책을 읽을 수 있을 정도로 성장했다. 데이비드가 이뤄낸 성과에 모든 교직원들이 뛸 듯이 기뻐했다.

하지만 데이비드가 다시 한 번 도약할 준비가 된 듯하자 행복한 걱정거리가 생겼다. 핵심은 두 가지였다.

❶ 정규 교육 과정에 더 적합한 읽기 지도를 받기.
❷ 나이에 맞는 사회적 기술을 접할 수 있도록 일반적인 또래 학생들과 교류하기.

데이비드가 일반적인 학생들과 함께 나아갈 준비가 되었다니, 모든 이들은 입을 다물 수 없을 정도로 마음이 벅찼다.

데이비드와 잘 맞는 선생님을 찾는 것이 관건이었다. 정규 학급에서는 급격한 감정 폭발과 어딘가 남다른 행동들이 받아들여지기 힘들 터였다. 선생님들은 데이비드가 반에 피해를 입히는 것이 아니라 이로운 존재가 되고 좋은 경험을 할 수 있을지 걱정이 태산 같았다. 마침내 2학년 선생님 중 한 명이 선정되었고, 사정을 들은 선생님은 '꼬마 상남자'를 독서 그룹 중 하나에 넣기로 했다. 선생님은 데이비드를 받아들이기 전에 아이에 대해 알 겸 지금 공부하는 반에 와달라고 부탁했다. 두 사람이 잘 맞는 듯했기에 모두가 매우 기뻐했다. 데이비드는 매일 그 선생님의 반에 가는 데 선뜻 동의했다.

모든 일이 순조롭게 풀렸다고 말하면 좋았겠지만 사실은 그와 거리가 멀었다. 그 반에 합류하고, 새로운 규칙을 받아들이고, 낯선 아이들을 만나는 등 새로운 집단에 동화되는 전체적인 과정은 쉽지 않았다. 처음에는 보조 교사와 함께 수업에 들어갔다. 하지만 이렇게 일대일로 도움을 받아도 데이비드는 그 반에 가고 싶지 않다고 했고, 데이비드의 문제 행동과 다른 아이들의 괴롭힘 때문에 시간이 되기도 전에 원래 반으로 돌아가야 할 때가 많았다.

그래도 괴롭힘 행동은 선생님들이 주의를 주고 타이르면 금세 사라졌다. 데이비드는 전반적으로 잘 해나갔고 읽기 실력도 계속 늘었다. 학년 말이 되자 데이비드는 소리내어 읽는 게 더 자연스러워졌고 표현력도 좋아졌다. 단어를 해독하는 능력도 목표에 가깝게 향상되었고 내용 이해력도 높아졌다. 데이비드와 다른 학생들에게 일어난 일들 덕분에 모두가 행복했다.

데이비드와 함께 지내게 된 2학년 아이들은 처음에 썩 내키지 않는 태도를 보였으나, 느리지만 확실하게 데이비드에게 다가가기 시작했다. 나중에는 같이 점심을 먹자고 부르기도 했다. 데이비드 역시 규칙을 익히고 일정 시간 동안 일반 학급의 일원이 되는 경험을 하면서 행동이 조금씩 개선되었다.

3학년이 되자 데이비드는 또다른 도전에 맞닥뜨렸다. 새로운 선생님, 새로운 또래 아이들을 받아들이기가 쉽지 않았다. 처음에 교실에서의 행동 양식을 배우고 사회적 기술을 익히려고 노력하는 동안 읽기 능력 향상이라는 목표는 잠시 뒤로 밀려났다. 3학년 학생들 사이의 관계란 벅찬 일이었지만 데이비드는 천천히 적응하면서 읽기 그룹의 일원이 되어갔다. 이해력과 함께 여러 능력이 발전하는 한편 여전히 어려운 도전 과제들이 남아 있었지만 데이비드는 일반적인 또래 아이들의 활동에 계속 참여할 수 있었다.

3학년이 끝나갈 무렵, 처음에 특수 학급에서 데이비드를 가르쳤던 선생님이 교사로서 다른 분야를 경험하기 위해 그 학교를 떠났다. 꾸준히 잘해내고 있던 데이비드 역시 4학년 말쯤에 다른 학교로 가게 되었다. 그래서 선생님들은 데이비드가 어떻게 지내는지, 계속 읽기 실력이 좋아지고 있는지 더 이상 알 수 없었다.

선생님들은 데이비드를 걱정했고 그 아이가 어떻게 되었는지 종종 궁금해했다. 데이비드는 어떤 학생들이 선생님들의 마음을 울리고 오래 기억에 남는지 잘 보여주는 예다. 선생님이 학생들에게 가르치는 것보다 학생이 가르쳐주는 것이 더 많다는 진부한 이야기일지 모르지만, 데이비드를 가르쳤던 선생님은 이렇게 말했다.

> 데이비드는 저에게 직업과 삶에 대한 교훈을 주었습니다. 직업적으로는 학생들에 대해 어떤 것도 당연하게 여겨서는 안 된다는 점을 배웠습니다. 데이비드는 심각한 인지 지연을 겪는 학생들을 위한 프로그램에 참여했지만, 인간의 뇌가 정말로 신비하고 놀라운 기관이라는 사실을 그와 만난 모든 사람에게 가르쳐주었죠. 우리는 학습에 인위적인 한계를 두지 않도록 조심해야 합니다.
>
> 저는 날마다 데이비드를 통해 영혼의 강인함을 보았습니다. 그 아이의 조용한 위엄은 함께 노력하는 모든 사람들에게 영향을 주었지요. 저는 데이비드 덕분에 크게 발

전할 수 있었습니다.

좋은 일들이 묘비에서 시작될 수 있다는 사실은 심오한 진실이다. 특히 당신이 '상남자'라면 말이다.

배운 점

몇 년 전 교육계에서는 독서를 썩 좋아하지 않는 학생을 가르쳐 학문적으로 발전시키려는 노력을 일컬어 '그 자리에서 함께 노력한다'라고 표현했다. 그래서 읽기 수준이 자기 학년보다 낮은 학생이 있으면 학년이 아니라 그 학생 개인의 수준에 맞게 가르치고 읽기 과제를 주었다. 그리하여 학생이 벅찬 일을 해내라는 요구에 좌절하지 않으면서도 학습 속도를 높이고 실력이 나아져서, 다른 아이들을 '따라잡을' 수 있기를 바랐다.

하지만 학생들은 시험을 보아야 했고, 그리하여 수업 대부분은 학년 수준에 맞는 읽기 교재로 진행됐다. 자기 학년에 맞는 교재를 읽을 수도 없고 특별히 보조를 받을 수도 없는 학생들은 어떻게 해야 할까? 학생들의 부족한 부분과 수준에 상관없이 모든 학생을 이끌어줄 수 있으려면 선생님들은 어떤 훈련과 지원을 받아야 할까?

관련 연구

선생님의 기대에 관한 30년 동안의 연구를 살펴본 결과[27] 선생님들이 알아야 할 몇 가지 중요한 점이 드러났다.

- 일반적으로 선생님들은 사회경제적 지위가 낮은 가정의 학생들에게 거는 기대치가 낮다.
- 선생님들은 학습 장애가 있는 학생들에게 필요 이상으로 낮은 수준을 기대하는 등 편견이 있지 않은지 의식해야 한다.
- 선생님의 기대치는 언어적·비언어적 단서를 통해 학생에게 전달될 수 있다.
- 소외 계층 출신 학생들은 그렇지 않은 학생들에 비해 선생님의 기대에 더 민감할 수 있다.
- 교사의 기대치에 대한 연구가 더 많이 진행될 필요가 있고 기대와 학생의 성취도 사이의 상관관계가 더 철저히 고려되어야 한다.

한 발 더 나아가기

학생에 대한 선생님의 평가나 반응은 선생님이 품고 있는 기대치와 밀접하게 관련되어 있다. 이런 현상과 관련하여 지금까지 밝혀진 세 가지 측면이 있다. 첫 번째는 기대가 정확하지 않은 경우 선생님은 잘하는 학생과 못하는 학생을 다르게 대할 가능성이 있고, 학생들은 그 차이에 반응한다.[28]

학생과 선생님이 잠재력을 온전히 펼치려면 이 과정을 멈추는 것이 무엇보다도 중요하다. 고정관념을 경계하는 법과 더불어 위와 같은 악순환을 인식하고 멈추는 법을 배워야 한다.

선생님들이 기대 수준과 상관없이 모든 학생에게 충실하게 조언해줄 수 있는 역량을 키우려면 훈련을 해야 한다. 그리고 학생의 현재 수준보다 약간 높은 기대는 효과적으로 성취도를 높여준다. 학생과 함께 목표를 설정하는 것도 기대를 높이고 수업에 함께 집중할 수 있는 방법임이 입증되었다.

읽기와 쓰기, 수학, 예체능 등 어떤 영역에서든 모든 학생들에 대한 선생님의 기대가 높다는 것은 좋은 징조다. 선생님에게 관심을 받기 위해 꼭 묘비명을 외워야 할 필요는 없지만 가끔은 그런 경우도 있는 법이다. 모두가 늘 주변을 잘 살펴야 한다.

북클럽에서 이렇게 멋진 일이!

11장

많은 교장들과 마찬가지로, 한 초등학교 교장선생님도 남학생들을 독서로 이끌기 위해 여러 가지 시도를 해보았다. 소망은 어떻게든 남학생들이 그저 책이 좋아서, 읽고 싶어서 읽는 독서 문화를 꽃피우는 것이었다.

그러다 교장선생님은 숀이라는 친구와 이야기를 나누게 되었다. 같은 지역 초등학교 교장인 숀은 학교에서 남학생 북클럽을 만들어볼까 한다고 말했다. 대화를 나누고 돌아온 교장의 머릿속에서는 남학생 북클럽에 대한 생각이 가지를 뻗어나갔다. 그는 남학생 북클럽을 만들기로 했다. 다만 신중해야 했다.

그는 이미 숱한 시간 동안 남학생들의 의욕을 북돋울 방법을 알아내려고 노력했다. 어린 학생일수록 동기를 부여하기 쉽다는 사실을 알았으니까. 유치원생은 식은 죽 먹기였다. 유치원생 남자아이들은 뭔가가 재미있다고 말해주면 그대로 믿는다. 초등학교 1학년 학생도 거의 비슷했다. 2학년 남학생들은 챕터북(연속되는 이야기를 여러 챕터로 나누어 구성한 책으로, 초보 단계의 읽기 연습에 사용한다.—옮긴이)을 읽기 시작하여 초등학교 학급 문고나 책 바구니에서 발견한 책에 푹 빠지거나 흥미를 느꼈다.

3학년은 선생님이 학생을 독서로 유도하기가 조금 더 힘들어 보였다. 선생님들은 어떤 책에 대해 간단히 언급함으로써 책을 '축복'하고 학생들이 읽도록 책 바구니에 넣어두었다. 교실에 비치된 비교적 쉬운 책은 독서를 어려워하거나 꺼리는 남학생들이 읽을 가능성이 있었다. 하지만 4학년 남학생이 책에 흥미를 느끼게 하는 일이란 그야말로 전쟁 같았다.

그해 초에 교장선생님은 남성 시점에서 직접 고른 책들로 남학생 서가를 만들어 상당한 승리를 맛본 적이 있었다. 4~5학년 남학생들은 그가 꽤 잘해냈다고 인정할 수밖에 없었다.

남학생 서가에는 좋은 책들이 모여 있어서 어디서 뽑아도 읽고 싶은 책이 나왔다. 실제로 이용하기가 쉬워서, 4~5학년 남학생들은 도서관 주간이 되자마자 책장 앞에 몰려들었다. 책은 정말 멋졌다. 모두 새 책이었다. 거의 모든 책 표지가 두꺼웠고 남학생들이 좋아할 만했다. 군대, 스포츠, 오토바이, 위인전 같은 책들이 전부 다 있다니 놀라운 일이었다.

하지만 여전히 뭔가 부족했다. 팍 타오르는 불꽃이 없었다. 그래서 교장선생님은 계속 북클럽에 대해 생각했다. 친구인 숀의 아이디어를 그대로 훔쳐오고 싶지는 않았지만, 숀은 자기 학교에서 해보니 꽤 효과가 있었다며 당장 시작해보라고 말했다. 그래서 그는 간단한 계획, 아니 거의 아무 계획도 없는 상태에서 남학생 북클럽을 만들기 시작했다.

몇 가지 난관이 있었다. 교장선생님은 4~5학년 남학생 대상의 북클럽을 만들고 싶었다. 읽기 성적이 떨어지고 오락적 독서에 대한 흥미가 가장 부족한 것이 바로 이 집단이었기 때문이다. 그러나 선생님들은 수업 시간을 꽉 채웠고 일과 중에 따로 시간을 내줄 여유가 없어서 북클럽을 운영할 시간을 확보하기가 어려웠다.

그때 교장선생님에게 기발한 생각이 떠올랐다. 쉬는 시간에 하면 되잖아? 쉬는 시간에 농구나 발야구를 하는 대신 대머리 교장선생님과 어울리면서 책에 대한 이야기를 하고 싶지 않은 4~5학년 남학생이 어디 있겠는가? 이 엄청난 기회를 어떻게 놓칠 수가 있겠는가? 그래서 그는 표지판을 만들어서 4~5학년 선생님들에게 나눠준 다음, 2주에 한 번 금요일 점심시간 전 리세스(recess, 점심시간 전후, 혹은 하루 두세 번 정도 교실 밖에서 말 그대로 쉬거나 뛰어 노는 시간.—옮긴이) 시간에 체육관에서 남학생 북클럽이 열릴 거라고 알렸다.

교장선생님의 머릿속에는 이상한 아이디어가 또 하나 떠올랐다. 그래서 선생님들에게 '공간이 부족하니' 반마다 먼저 신청서를 써낸 4~5명만 참석할 수 있다고 알리기로 했다. 사실은 체육관 전체를 다 쓸 수 있었고, 과연 오려는 아이들이 있을지 전혀 알 수 없었기 때문에 신청하는 아이들은 전부 받아줄 참이었지만 말이다.

다들 경험이 많은 선생님들이었기 때문에 반응이 회의적이었다. 그럴 만도 했다. 리세스 시간을 건너뛰고 북클럽에 참여해서, 교장선생님과 책 이야기를 한다? 인원은 반마다 4~5명으로 제한하고? 그래요, 잘 되겠지요. 선생님들은 학생들에게 그렇게 알리기로 했다.

이상한 일이 일어났다. 남학생들이 참여하겠다고 신청하기 시작했다. 반마다 남학생 4~5명이 채워지면 선생님들은 명단을 교장에게 제출했다. 그러면 교장선생님은 이렇게 말하며 신청서를 새로 내주었다. "아직 인원이 다 채워지지 않은 척하시고, 이미 명단을 제출했다고는 말하지 마세요." 신청 인원은 계속 늘어났다. 교장선생님은 그 일이 아니면 원래 서류더미로 가득했을 책상에서 신청서를 훑어보기 시작했다. 몇 명이나 신청서를 냈는지 정확하게 파악하지는 못했다. 어림짐작으로 30~35명쯤 되리라고 생각할 뿐이었다.

교장선생님은 각 반 선생님들에게 계속 명단을 받고 새 신청서를 갖다주었다. 첫 모임 날짜가 다가왔다. 교장선생님은 이 모임이 한낱 과자 파티가 되지 않기를 바랐지만, 감자칩 공장을 운영하는 학부모가 가끔 선생님들에게 나누어주려고 감자칩 여러 상자를 가져올 때가 있었다. 마침 첫 번째 북클럽 모임 전날 그 학부모가 학교에 들렀다. 교장선생님은 감자칩 다섯 봉지를 꺼내 들고 생각했다. "그래, 점심시간 전이고 이번이 처음이니까 과자를 좀 준비해야 할지도 모르지."

남학생들은 북클럽에 올 때 지켜야 할 한 가지 규칙에 대해 들었다. 다 읽었든 읽고 있든 책을 한 권씩 가져와야 한다는 것이었다. 교장선생님은 모임 직전에 이렇게 방송했다. "이제 남학생 북클럽 모임을 시작하겠습니다. 참가자들은 책

한 권씩 들고 체육관으로 내려오세요." 복도는 아수라장이었다. 교장선생님은 체육관 쪽으로 향하면서, 우아하게 차를 마시며 조용히 책 이야기를 하는 모임은 아니겠다고 생각했다. 어차피 그런 분위기를 예상한 것도 아니었다. 교장선생님은 체육관으로 몰려드는 인파를 뒤로하고 앞서서 걸었다.

남학생들은 소리지르고, 뛰어오르고, 촐랑거리고, 서로 뒤통수를 때리고, 달리고, 우악스럽게 책을 움켜쥔 채 체육관으로 갔다. 80명에서 85명은 되어 보였다. 볼만한 광경이었다. 아이들은 모두 각양각색이었다. 휠체어를 탄 아이도 있었고, 아이들이 쓰는 언어도 다양했다(이 학교 학생들이 사용하는 언어는 영어를 제외하고 19가지였다). 버스를 타고 시내를 가로질러 등교하는 아이도 있었고, 걸어서 등교하는 아이도 있었고, 부모님이 매일 데려다주는 아이도 있었다. 모두 둘러앉자 교장선생님은 어쩌면 아이들이 결코 잊을 수 없을 말을 시작했다.

"이게 너희의 북클럽이란다. 앞으로 북클럽을 운영할 규칙을 직접 만들어야 해. 제일 중요하다고 생각하는 점들에 대해서 투표할 거란다. 자, 해보자." 활발한 논의 끝에 아주 간단한 규칙이 투표에 부쳐졌다.

여자는 올 수 없다. 항상 책을 가져와야 한다. 누군가 가운데에 서 있으면 모두 그 사람의 말을 들어야 한다. 우리의 주된 목적은 책 이야기를 나누는 것이다. 북클럽에서 있었던 일을 절대로 여자에게 얘기해서는 안 된다.

알다시피 이 규칙은 영화 〈파이트 클럽〉에 나오는 첫 번째 규칙을 본뜬 것이었다. 하지만 교장선생님은 북클럽에서 있었던 일을 선생님과 부모님에게는 언제든 말할 수 있다고 분명히 못 박았다. 선생님과 부모님에게는 비밀이 아니라고 말이다.

그게 전부였다. 교장선생님은 나중에 책에 대해 이야기해줄 사람들을 데려오겠다고 말했다. 아이들이 아는 사람일 수도 있고 만난 적 없는 사람일 수도 있었다. 하지만 대부분의 시간에는 당연히 책에 대해 이야기를 나눌 예정이었다.

교장선생님은 앞으로 스콜라스틱 북페어에서 가르쳐주는 방식으로 '북토크'를 진행할 것이라고 간단한 문장으로 말해주었다. 각자 책을 가져온다. 표지에 대해 언급한다. 누가 쓴 책인지 말한다. 그림이 있으면 그것에 대해 말한다. 그 책이 자신의 삶과 어떤 관계가 있는지 말한다.

그리고 남학생들의 북클럽이었으니, 할 일이 하나 더 있었다. 북토크가 끝나면 교장선생님이 이렇게 외친다. "남자아이들이 좋아할 책인가요?" 그렇다고 대답하고 싶으면 소리를 치거나, 콧바람을 내뿜거나, 바닥을 쿵쿵 구르거나, 마음대로 소리를 내면서 반응하면 된다. 그것이 동의의 표시였다. 교장선생님은 자신이 제일 좋아하는 책인 J.R.R. 톨킨의 《반지의 제왕》 시리즈 중 《반지 원정대》로 시작하며 줄거리를 조금 말해주었다. 용이 나오기 때문에 남학생들은 당연히 승인하는 의미로 열심히 소리를 냈다. 그다음에는 점심을 먹으러 가기 전에 잠깐 과자를 먹을 시간이었다.

잠깐 생각해보자. 교장선생님에게는 감자칩 다섯 봉지가 있고 체육관에 모인 남학생은 80명이다. 배고픈 소년이 80명 있는 것이다. 교장선생님은 되는대로 빨리 생각하려고 애쓰며, 아침과 오후에 YMCA 보육 프로그램에서 사용하는 길쭉한 구내식당용 탁자를 잡아당겨 펴면서 말했다. "다섯 줄로 서보렴." 같이 생각해보자. 감자칩 다섯 봉지와 다섯 줄로 선 남학생들. 이 글을 쓰는 지금은 코로나19 때문에 모든 물건을 소독하는 시대지만 그때는 아니었다. 탁자는 닦지도 않은 상태였다. 몸서리가 쳐진다면 상황이 곧 나아질 테니 잠깐 기다려보라.

남학생들은 다섯 줄로 섰다. 교장선생님은 감자칩 봉지를 뜯고 나서 말했다. “감자칩을 꺼내서 탁자 위에 다섯 무더기로 놓을 거야. 한 명이 한 줌씩 가져갈 수 있어. 한 줌씩만. 한 주먹 가져갔으면 앉아서 먹는 거야.” 그럴싸했다. 80명을 다섯으로 나누면 16명이다. 한 봉지를 16명이 먹을 수 있게 나누면 된다. 16명이 한 줌씩 가져가면 충분히 나눠먹을 수 있으리라는 계산이었다. 다만 교장선생님은 먹을 것이 관련되었을 때 남자아이들이 얼마나 기발해질 수 있는지 미처 생각하지 못했다.

교장선생님은 ‘시작’이라고 말할 때까지 기다리라고 한 뒤 지저분한 탁자 위에 감자칩을 쏟아놓고 외쳤다. “시작!” 각 줄의 맨 앞에 선 아이들은 누가 옆에서 속삭이기라도 한 듯, 책을 펼쳐서 감자칩을 담아 가면 한 주먹보다 많이 가져갈 수 있다는 것을 깨달았다. 아이들은 달려들어 그 소중한 책 위에 감자칩을 퍼 담았다. 교장선생님은 오늘날까지도 어떻게 된 일인지 전혀 모르겠다고 한다. 감자칩은 학생들이 먹어치운 것이 아니었다. 80에서 85명 정도의 남학생들은 표지에 감자칩 범벅이 된 책을 들고 있었다. 사실 감자칩은 다 바닥에 떨어져 있었다. 이것은 이것대로 또 문제였다.

교장선생님은 남학생들이 혼자 먹으려고 달려가느라 죄다 흘려놓은 감자칩을 보면서 생각했다.

> 큰일 났다. 5분만 있으면 깐깐한 체육선생님이 들어와서 수업할 곳인데. 그 선생님은 방금 감자칩 때문에 내가 얼마나 신나는 경험을 했는지 절대로 이해 못하겠지. 체육선생님에게는 감자칩으로 뒤덮인 체육관 바닥밖에 안 보일 테니까.

그래서 그는 큰 소리로 최대한 빠르게 남학생들의 주의를 끌었다. "얘들아, 얘들아! 여기 좀 잠깐 봐줄래? 혹시 남자들의 규칙 1번이 뭔지 아니?" 그가 바라던 대답이 우렁차게 돌아왔다. "아니요!" 교장선생님은 다시 말했다. "남자들의 규칙 1번은 바닥에 음식을 흘린 지 5초가 지나기 전에는 아직 깨끗하기 때문에 주워서 먹어도 된다는 거야." 85명의 남학생은 동작을 멈추고 바닥으로 달려들었다. 나중에 교장선생님이 말하기를, 그날 빠르게 바닥을 쓸어보니 남은 감자칩이 한 주먹이 채 안 되었고 하나씩 주울 수 없을 정도로 잘게 부서져 있었다고 한다.

이 불길한 출발 이후 북클럽은 2주에 한 번씩 모일 때마다 규모가 점점 커졌다. 자리를 잡아갈 무렵에는 100명에서 110명 정도가 리세스 시간에 대머리 선생님과 책 이야기를 하러 왔다.

교장선생님은 그렇게 창의적인 편이 아니었기 때문에, SNS에 남학생 북클럽 이름을 어떻게 지어야 할지 묻는 글을 올리기도 했다. 교장선생님의 친구이자 그 학교 여학생의 아빠인 짐 매컬러프는 연락을 받자마자 바로 답장을 보냈다.

"BC4Boyz라고 하는 게 어때?"
"입에 착 붙네. 그런데 무슨 뜻이야?"
"아니, 남학생 북클럽(Book Club for Boys)이라는 뜻이잖아!"

북클럽의 이름은 이렇게 탄생했다. 모든 남학생이 똑같은 티셔츠를 맞춰서 북클럽 모임이 열리는 날 입고 왔다. 몇 달 뒤 한 학부모는 교장선생님에게 이렇게 말했다.

"선생님, 저희 아들이 평생 책을 읽어본 적 없는 것처럼 열심히 책을 읽게 해주셔서 너무 좋아요. 그런데 학교에 다른 티셔츠를 입고 가도 된다고 좀 말씀해주시겠어요? 다음 날 학교에 입고 가게 하려면 밤마다 빨아야 되거든요. 이 옷만 입고 가려고 한다니까요!"

북클럽에서는 멋진 일들이 있었다. 어느 날은 교장선생님이 할리 데이비슨 오토바이를 타고 학교에 왔다. 남학생들이 체육관으로 들어올 때 교장선생님은 핀과 패치가 달린 조끼며 가죽 보호 장비를 쫙 빼입고 있었고, 오토바이에서는 오지 오스본의 노래 〈크레이지 트레인〉이 쩌렁쩌렁 울려 나왔다. 그날 교장선생님은 오토바이 타기에 대한 모든 것에 대해 말했고 할리 데이비슨과 관련된 책을 몇 권 보여주었다. 표지에는 수백 대의 다양한 오토바이 사진이 있었다. 책에 대해 발표하는 남학생은 교장선생님의 오토바이에 앉아서 말할 수 있었다.

어느 날은 그 도시의 시장이 초대 손님으로 왔다. 그는 어릴 때 읽은 책 이야기를 하면서 하디 형제와 톰 스위프트처럼 어린 시절 자신에게 영향을 미친 책들에 대해 말한 다음 질문을 받았다. 첫 질문은 교장선생님도 물어보고 싶어서 입이 간지러웠던 질문이었다. "시장은 하루 종일 무슨 일을 해요?"

그는 시장의 업무를 설명한 뒤 한동안 머무르며 남학생들이 읽은 책에 대해 이야기하는 것을 들었다.

하루는 교장선생님의 아들이 왔는데, 이라크전쟁에 파병되었다가 막 귀국한 해병이었다. 그는 정복을 차려입고 와서 해병이 되는 과정에 대해 자세히 말해주고 이라크 생활에 대해서도 조금 말해주었다. 그리고 어린 시절 제일 좋아했던 책 이야기를 하면서, 이라크에 있을 때 자유시간에 읽을 책이 있다는 사실을 가장 소중히 여겼다고 말했다.

한번은 학교의 남자 음악선생님이 초대 손님으로 왔다. 이 선생님은 전통에서 탈피하여 스틱과 버킷 드럼을 활용하는 드럼 악대 활동을 막 시작한 참이었다. 그래서 북클럽 모임 시작 후 5~6분 동안 모든 남학생은 음악선생님이 가르쳐준 대로 돌아가며 박자를 쳐보았다. 교장선생님이 할리 데이비슨을 타고 온 날을 빼면 북클럽에서 제일 큰 소리가 난 날이었을 것이다.

교장선생님의 지인 중에 래퍼가 있는데, 학교 행사에서 공연하러 여러 번 온 적이 있었다. 그런데 이번에는 래퍼 '식스 8'이 왔다! 이 사실은 교장선생님 빼고 아무도 몰랐다. 식스 8이 문을 열고 들어오자 남학생들은 다 뒤집어졌다. 그는 어린 시절 맬컴 X의 전기에 큰 감명을 받았고 그 책을 긍정적인 롤 모델로 삼아 지금의 자신이 되었다고 말했다. 북클럽 모임이 끝나고 점심을 먹으러 간 남학생들은 유난히 말들이 없었다. 여학생들은 평소처럼 물었다. "오늘은 북클럽에서 뭐했어?"

아무도 입을 열고 싶지 않았다. 알다시피 북클럽에서 일어난 일은 북클럽 안에서만 이야기해야 한다는 규칙 때문이었다. 하지만 그날은 평소와 달랐다. 저 멀리 창가 쪽에서 누군가 삐끗하고 말았다. 누군지는 모르지만 한 남학생이 주변에 있던 여학생들에게 "식스 8이 북클럽에 왔어"라고 말한 것이다. 이 소식은 들불처럼 순식간에 학교 식당 전체로 퍼졌다.

교장선생님은 뭔가 일이 터졌다는 것을 감지했다. 채 3분도 못 되어 4~5학년 학생들이 식당으로 몰려들었다. 교장선생님은 저 멀리 벽 쪽에 있어서 눈에 잘 띄었다. 한 여학생이 교장선생님을 쳐다보며 말했다. "오늘 식스 8이 왔다고 왜 말 안 해주셨어요? 불공평해요!" 교장은 식탁에 앉아 있는 북클럽 남학생들을 보며 말했다. "무슨 말인지 전혀 모르겠구나!"

이런 일도 있었다. 교장선생님은 그날 초대 손님이 누구였는지 잘 기억나지 않지만 여느 때처럼 북클럽 모임이 진행되었다고 했다. 남학생들이 들어와서 둥글게 둘러앉은 다음,

는 그렇듯 남성인 초대 손님이 소개를 받고 5분 정도 이야기 했다. 나머지 시간에는 남학생들이 읽은 책 이야기를 나눴다. 그날은 학교에서 제일 수줍은 학생 중 하나인 윌리엄이 참석했다. 윌리엄은 여러 가지로 특별한 도움이 많이 필요한 학생이었고 누구와도 이야기하는 일이 드물었는데, 이날은 교장선생님에게 미리 와서 책 이야기를 하고 싶다고 말했다.

윌리엄은 휠체어에 앉아 고개를 숙인 채 손가락으로 머리카락을 꼬면서 모기 소리만 한 목소리로 제일 좋아하는 책인 《윔피 키드》 시리즈에 대해 말했다. 남학생들은 이야기에 빠져들었다. 그 자리에 모인 모든 남학생들은 유치원 시절부터 윌리엄을 알았고 매우 좋아했다. 하지만 윌리엄이 많은 사람들 앞에서 말하는 것은 아무도 본 적이 없었다. 단 한 번도. 그 누구도 입을 열지 않았다. 윌리엄의 이야기가 끝나자 교장선생님이 정적을 깨고 크게 외쳤다. "남자아이들이 좋아할 책인가요?" 남학생들은 그 어느 때보다도 격렬하게 호응했다. 뛰어오르고 박수를 치고 함성을 질렀다. "그거야, 윌리엄! 잘했어!" 윌리엄은 그저 씩 웃었다. 자신이 그 집단의 일원이고, 모두가 응원해주고 있다는 것을 알았기 때문이다.

가장 멋진 일은 북클럽을 시작할 무렵에 일어났다. 20년 넘게 교장으로 일했지만 그동안 남학생이 다가와서 이렇게 말한 적은 한 번도 없었다. "교장쌤, 제가 요즘 어떤 책을 읽는지 전혀 모르실 걸요!" BC4Boyz를 시작한 지 몇 주 되지 않았을 때였고, 교장은 여느 날처럼 통학버스 승하차 지도를 하고 있었다. 눈이 오나 비가 오나 더우나 추우나 1년 내내 매일 하는 일이었다. 이 시간에 남학생들이 정말로 멋지고 놀라운 행동을 시작했다.

매일 다른 남학생이 교장에게 와서 말했다. "교장쌤, 저《해리 포터》읽고 있는데요, 이번 BC4Boyz 모임에서 얘기해도 돼요?" "교장쌤, 저《39 클루스》(모험과 액션이 두드러지는 추리소설.—옮긴이) 읽기 시작했는데요, BC4Boyz에서 얘기해도 돼요?" "교장쌤, 저《시체와 폐허의 땅》읽기 시작했는데요, 진짜 멋진 좀비 책이에요. 북클럽에서 얘기해도 돼요?" 남학생들은 각자 재미있게 읽는 책에 대해 이야기했다. 이보다 더 좋은 일이 있을까?

결국 북클럽 소식은 상부 기관에 전해졌고, 홍보 담당 부서에서 사람을 보내 모임 사진을 찍고 북클럽 이야기를 기사화하고 싶다고 했다. 하지만 첫 모임에서 남학생들이 정한 규칙에 따르면 여자는 들어올 수 없었다. 그래서 교장선생님은 남학생들에게 이 난관에 대해 이야기했다.

> 우리 이야기를 신문에 싣고 싶다고 하는구나. 그리고 100~110명의 남학생이 북클럽 모임을 열고 재미있게 독서하는 게 얼마나 멋진지 알리려고 한대. 그런데 기자가 정말 멋진 여성 분이란다. 여자는 들어올 수 없다는 규칙이 있으니까…… 하루만 특별히 우리 사진을 찍고 취재하게 해드리면 어떨까?

남학생들은 익명으로 투표를 했다. 결국 그날만 기자가 학교에 와서 취재할 수 있도록 남성으로 인정해주기로 했다. (물론 저자들은 이 상황의 부정적 측면들을 잘 알고 있다. 다만 2011년과 2012년 무렵에는 상황이 조금 달랐다는 점을 양해해주길 바란다.)

남학생들은 집에 가서 북클럽에 누가 왔다든가 어떤 책을 읽는지 좀처럼 말하지 않았지만 학부모들은 북클럽을 아주 좋아했다. 교장선생님은 궁금한 점이 있으면 뭐든 물어보라고 했지만 학부모들은 이렇게 말했다. "제 아들이 책을 읽고 있어요. 전에는 스스로 책을 읽은 적이 한 번도 없었지만 지금은 독서를 막을 방법이 없네요. 저희는 이것만 알면 됩니다."

선생님들은 교장선생님에게 이렇게 말했다. "수업시간에 잠깐 쉴 때마다 놀라운 일이 벌어져요. 책상에서 책이 튀어나오고 남학생들이 책을 읽는다니까요." "인정할게요. 이렇게 될 줄은 몰랐는데, 이게 되네요."

스콜라스틱 북페어 측에서도 북클럽의 존재를 알고 그 이야기를 해달라고 했다. 교장선생님은 댈러스·시애틀·올랜도·미니애폴리스·피츠버그·신시내티 등에서 강연했고, 이 도시들에서도 하나씩 BC4Boyz의 역사가 시작되었다. 스콜라스틱 북페어는 BC4Boyz를 적극적으로 지원해, 남학생들이 즐겁게 독서할 수 있도록 많은 책을 제공했다.

배운 점

이 장에서는 BC4Boyz 이야기를 통해 많은 교훈을 얻을 수 있었다.

❶ 남자아이들은 소속감을 좋아하기 때문에 가입 신청 과정이 중요했다. 선생님들은 신청하는 모든 남학생을 받아주기로 했지만 남학생들은 가입이 선별적인 과정이라고 생각했으므로 북클럽이 더 특별하다고 느꼈다.

❷ 남학생 북클럽은 여학생 북클럽과 완전히 다르다. 이 학교에도 교감선생님이 만든 여학생 북클럽이 있었다. 이 모임은 아주 차분하고 정적이었다. 여학생들은 책을 가져와서 둘러앉아 다 같이 읽었다. 이들은 이렇게 하는 것을 좋아했다. 다 같이 분홍색 얼룩무늬 셔츠를 입었고, 초대 손님도, 와글거리는 소동도, 시끄럽게 떠드는 사람도 없었다. 그저 다 같이 책을 읽었다. 이들에게는 이런 분위기가 잘 맞았다. 여학생들은 동시에 똑같은 책을 읽었다. 놀라운 일이다.

❸ 규칙을 만든 것은 남학생들이지만 당연히 교장선생님이 그 과정을 감독했다. 차별적인 규칙은 허용되지 않았다. 물론 남학생 전용이기는 했지만, 여학생 북클럽도 분명히 있었으니 그 부분은 논외다.

❹ 남학생들이 다 같이 똑같은 책을 읽은 적이 한 번도 없었다. 무슨 책이든 각자 읽는 책을 가져왔다. 이것은 의도적인 방침이었다. 이렇게 하면 모든 회원들이 남학생 서가에 있는 다양한 책을 접할 수 있었고 자기가 읽는 책 외에 다른 책들도 읽을 수 있다는 사실을 알게 됐다. 그리고 남학생들은 그 책을 찾으려면 어디로 가야 하는지 알았다.

❺ 주로 지역 인사들이 초대 손님으로 왔지만 BC4Boyz 모임의 본 행사가 책 이야기라는 점이 흐려진 적은 없다.

❻ 북클럽 모임은 시끄러웠다. 정말로, 시끄러웠다.

❼ 이런 의문이 떠오를 수 있다. "북클럽 운영을 꼭 남자가 주도해야 하나?" 어려운 질문이다. 앞서 언급했듯, 초등학교 교사는 대부분 여성이다. 통계적인 사실이다. 그리고 여자 선생님은 남학생들에게 독서를 권장할 때 자신의 어린 시절을 기준으로 지도하는 경향이 있으므

로 남학생 북클럽을 추진하기가 어렵다.

8 이 책의 저자가 만나본 수많은 교장·교감 선생님들은 이렇게 말한다. "우리 학교에는 남학생 북클럽을 선뜻 이끌어줄 남자 선생님이나 지도자가 없어요." 아마 BC4Boyz를 시작한 교장선생님도 어쩌다 시작하게 됐다고 말할 것이다. 정식으로 계획한 일이 아니었다. 남자가 없더라도 남학생 북클럽을 만들어보고 싶은 사람이 있다면 누구든 할 수 있다.

9 교사를 같은 편으로 만들려고 노력하라. 교장은 2주에 한 번 금요일 리세스 시간에 두어 번 모임을 해본 후 깨달은 점이 있었다. 이 모임이 수업 시간을 빼앗지 않으면서도 그 성과가 선생님들에게 꽤 이롭게 작용한다는 것이었다. 이 점을 선생님들에게 말하고 여러분이 하고자 하는 일을 설명하라.

10 잘못될 가능성을 염두에 두어야 한다. 다행스러운 점은 남학생들이 너그럽다는 것이다. 훌륭하고 감명 깊은 이야기가 나올 수도 있고 형편없는 이야기가 나올 수도 있다. 다른 학생들이 그 책을 정말로 읽어보고 싶게 만들 수도 있고, "저 책은 절대로 안 골라야겠다!"

라고 생각하게 만들 수도 있다. 시도가 중요하다는 점을 기억하자.

⑪ 간식의 덫에 빠지지 말아야 한다. 앞서 소개한 감자칩 사건은 재미있기는 하지만 교장선생님은 대부분의 경우 먹을 것을 들이지 않았다. 왜? 어디까지나 북클럽은 책과 독서의 즐거움을 경험하기 위한 것이기 때문이다. 너무 고지식해 보이는가? 한번 겪어보면 그렇지 않다는 사실을 깨달을 것이다.

⑫ 북클럽을 시도해보는 것은 여러분 자신과 남학생들에 대한 의무다. 학생들은 교과과정 중심의 학습을 강요받은 탓에 능숙하게 읽을 수는 있지만 읽기를 너무 싫어하게 돼 신문이나 스포츠 기사, 소설조차 읽으려 하지 않는다.

⑬ 이 책 앞부분에서 얻은 교훈을 되새기며, 남학생들에게 '좋은 책' '좋은 글'을 읽도록 강요하려 들지 말아야 한다는 점을 명심하자. 뭘 읽든 읽기만 하면 된다. 여러분이 가장 재미있게 읽는 글이나 책에 대해 생각해보면 깨닫게 될지도 모른다. 모두들 일과 상관없는 책을 읽을 때가 훨씬 더 재미있지 않은가!

⑭ 13번까지만 해도 충분하다는 것을 알지만 하나 덧붙이자면, 익숙한 영역을 벗어나 과감하게 저질러보라. 스스로 질문을 던져보라. "내가 이걸 하지 않는다면 과연 내년에 남학생들이 올해보다 더 많이 독서할까?" 이번에는 이렇게 묻고 솔직하게 대답해보자. "내가 우리 남학생들 사이에 자유롭게 독서하는 문화를 만들어줄 수 있을지 시도해볼 때 내게 어떤 피해가 돌아올까? 1년도 투자를 못하나?" 한번 시도해보시길.

관련 연구

찰스 런던은 아마도 남자아이들의 독서에 대해 가장 심오한 문장을 쓴 사람일 것이다. "남자아이들은 읽을 때를 빼곤 읽지 않는다."[29] 남자아이들이 실제로 독서에 큰 흥미가 없는 것에 대해 전세계적으로 우려하는 이들이 많다. 이런 우려는 남학생들이 존경하고 함께 재미있는 시간을 보내는 사람의 주도 하에 학교에서 즐거운 독서 문화가 정착되면 사라진다.

남학생들이 스스로 시간을 내서 책에 대해 이야기를 나누는 재미있는 장소. 남학생 북클럽이 추구해야 할 방향은 바로 이런 것이다. 알고 지내는 남성이 있다면 누구나 알겠지만, 몇 살이든 남자들은 자기가 뭘 했는지, 앞으로 뭘 할 건지 이야기하기를 정말 좋아한다. 그 주변에 책과 독서가 들어가게 하면 어떨까? 런던은 말했다.

> 사실 남자아이들도 책을 읽는다. 여자아이들처럼 남자아이들도 자기에게 말을 걸어주는 책에 굶주려 있다. 그들의 상상력을 자극하고 경험을 반영해주는 책 말이다. 남자아이들은 세상을 이해하고 목표를 이루는 데 도움이 될 정보, 혹은 그저 흥미를 느끼고 푹 빠질 만한 내용을 갈구한다. 코끼리 똥 이야기를 읽으면서 어마어마한 코끼리 떼가 몰려들어 땅이 쿵쿵 울리는 것을 느끼거나, 사람보다 두 배는 큰 똥 더미 이야기를 읽으면서 킥킥거리지 않을 수 있을까? (…) 오늘날 남자아이들은 역사상 그 어느 시대보다도 많이 읽는다. 어른들이 그들의 독서를 높게 평가해주지 않을 뿐이다.[30]

이 책에는 토머스 뉴커크의 말과 글이 인용돼 있다. 읽기와 쓰기 영역에 대한 광범위한 그의 연구는 가히 전설적이며, 그 열정은 훌륭한 뿌리에서 시작되었다. 바로 그의 아버지다.

당시 고등학교 과학 교사였던 모리스 뉴커크는 1941년에 발표된 한 논문에서 과학 수업 중에 경험한 일에 대해 말했다. 모리스 뉴커크는 과학실에 아주 다양한 책을 구비해놓고(그의 말에 따르면 학생들의 미성숙함에 맞춰 선택한 책이라고 한다) 수업 후 연구활동 기간에 학생들이 골라서 읽을 수 있게 했다.

오늘날 행동 연구로 분류될 만한 뉴커크의 고찰은 훗날 그의 아들이 대학교수가 되어 발견한 사실과 매우 비슷한 결과로 이어졌다. 모리스는 BC4Boyz를 시작한 교장이 남학생들을 보고 깨달은 바를 그대로 보여주는 의미 깊은 글을 적었다.

> 가장 중요한 사실은 학생들이 처음 자발적으로 읽어본 책을 읽는 경우가 많다는 점이다. 나는 이것이 매우 중요하다고 생각한다. 예상되는 독서 수준과 상관없이, 책을 읽어야겠다고 스스로 마음먹지 않는 한 학교 밖에서 책을 읽을 가능성은 낮다. 이런

식의 프로그램이 있다면 틀림없이 독서를 시작하게 하는 계기가 될 것이다.[31]

한 발 더 나아가기

학생과 교사들을 "시험에 나오니까 읽어야지"라는 혐오스러운 상황으로 밀어넣는 주입식 독서 문화에서 완전히 벗어날 수 있다면 읽기 수업이 제일 선호되는 문화를 다시 한 번 퍼뜨려 누릴 수 있을 것이다.

꿈같은 이야기일지 모르지만 우리는 정말로 그런 미래를 꿈꾼다. 여학생은 물론이고 남학생들이 북클럽에 모여 각자 읽었거나, 읽고 있거나, 읽고 싶은 책에 대해 이야기를 나누는 꿈이다. 이런 북클럽들이 중학교, 고등학교까지 계속 이어지기를 바라는 꿈이다.

이런 일이 어떻게 일어날 수 있을까? 계속 나아가다 보면 이 꿈을 실현하는 길이 하나뿐임을 알게 된다. 재미있고 추억도 남길 수 있으며 온갖 종류의 책을 허용하는 북클럽을 만드는 물결에 모든 학교가 동참하는 것이다. 잘될지도 모른다. 너무 잘돼서 언젠가 선생님들이 아이들에게 시험공부 대신 책을 읽게 해줄 수 있는 날이 올지도 모른다. 그야말로 꿈같은 이야기가 아닌가!

시험은 어쩌지?

12장

코로나19가 기승을 부리던 2020년, 전 세계에서 학교들이 문을 닫았다. 읽고 쓰고 수학 문제를 푸는 학생들로 가득했던 학교는 말 그대로 하루아침에 텅 비고 말았다. 학생들은 온라인에서 다양한 경로로 서로를 연결하려고 시도했고, 선생님들은 가상 교실을 만들어 줌·캔버스·블랙보드 같은 프로그램으로 양질의 수업을 제공했다. 의무적인 자택 대기 명령 이전에는 대부분의 어른들이 듣도 보도 못한 프로그램들이었다.

며칠이 몇 달로 늘어나면서 남은 학기가 통째로 날아갈 상황이 되자 정치인들은 가장 속물적인 의문을 품기 시작했다. "학생들은 집에서 뭘 읽고 있을까?" 혹은 "내가 남학생이고 지금 집에 있다면 어떤 책을 읽고 싶어질까?" "윔피 키드나 캡틴 언더팬츠라면 이 위기에서 어떻게 세상을 구할까?" 같은 의문이 아니라 "원격 수업을 하는 선생님들을 어떻게 평가할까?" "인터넷으로 수업을 받아서 학생들의 실력이 얼마나 뒤처졌는지 어떻게 확인할 수 있을까?" 같은 의문이었다.

사이비 지성주의가 판치고 핵심을 놓치고 있는 혼란스러운 세상으로 아주 현명한 남자가 걸어 들어왔다. 즉 뉴잉글랜드 주지사는 아이들의 읽기 능력이 얼마나 떨어졌는지 확인할 시험을 치를 수 있도록 입법자들이 학기가 끝나기 전에 모든 학생들을 신속히 학교로 돌려보내야 한다고 제안했다.[32] 학생들을 학교로 돌아오게 할 이유라기에는 터무니없이 부족한 제안이 아닌가.

하지만 현실적으로 이 일은 학교와 선생님들이 읽기 능력을 측정하려 시도하고 읽기 성취도에 따라 반을 편성해오는 동안 남학생들을 괴롭혀온 문제에 의미하는 바가 있다. 방금 언급한 일 때문에 학교 분위기가 어떤 식으로 나타나는지 살펴보자.

교장은 학교를 둘러보는 동안 같은 말을 여러 번 들었다.

"정신들 차려라. 3분 남았다."

"기다리는 동안 엎드려 있거나 책이나 읽어."

"안 돼. 지금은 화장실 못 간다."

학생들이 뭔가 잘못을 저질렀거나 위기상황이 발생한 것은 아닐까? 실제로 자세히 보면 자연재해나 문제를 일으킨 학생이 있는 것도 아닌데 이 학교뿐만 아니라 전국의 많은 학교에 심각하고 불안한 분위기가 만연하다.

이렇게 우울하고 무거운 분위기가 감도는 이유는 하나다. 중요한 시험이 코앞으로 다가왔기 때문이다. 많은 것이 걸려 있는 시험이다. 오, 즐거워라! 들뜬 분위기가 몸으로 느껴진다! 교장들은 학부모들에게 좋은 결과를 장담하고, 교사들은 학생들을 준비시키고, 학생들은 두려워하고, 학부모들은 걱정하던, 바로 그 시험이 임박했다. 관할 교육청에서는 시험을 망치는 학생이 나오거나 위반행위가 일어나지 않도록 전전긍긍한다.

시험과 관련된 모든 사람들은 표준화된 시험이라는 한 관행에서 의도치 않게 파생되는 부정적 결과들을 증명할 수 있다. 그럼에도 불구하고 교육자들은 기업과 정치인의 주도에 따라 측정할 수 없는 것을 측정하려고 애쓴다. 위대한 과학자인 알베르트 아인슈타인도 이렇게 말했다지 않나. "셀 수 있다고 해서 다 중요한 것도 아니고, 중요하다고 해서 다 셀 수 있는 것도 아니다."

학교 당국과 교사들은 중요한 시험이 시행되기 전과 후, 시행되는 동안 학생들을 지원하는 임무를 맡는다. 대부분의 교육자들은 학교에 대한 책임이 교육의 중요한 요소이고 때로는 필수 요소라는 데 동의할 것이다. 학교는 학생을 가르치고 돌보며 동기를 부여하는 동시에 모든 학생이 무수한 영역에서 측정 가능한 방식으로 잘해낼 기회를 최대한 보장해야 한다.

현실적으로 말해서 교육자들은 학생들에게 적용하는 교육 방식이 효과적인지 알고 싶어 한다. 하지만 책임을 다하려고 노력하는 과정에서 제정된 법안은 의도치 않게 학습의 즐거움을 빼앗아버렸다. 교육자들은 학생들이 독서의 즐거움을 느끼지 못한다는 심각한 부작용과 마주하게 되었다. 그 즐거움이야말로 학업 능력의 발달에 매우 중요한 요소인데도 말이다.

이런 현상은 남학생들에게서 가장 명백히 드러난다. 많은 경우에 남학생의 읽기 성취도 점수는 여학생에 비해 뒤떨어진다. 예를 들면 라일리, 뉴먼, 앤드루스의 연구(2019)에서는 30년 동안의 전국 학업성취도평가NAEP 점수를 조사했다. 조사 자료에 따르면 "모든 학년에서 여학생은 남학생에 비해 모든 유형의 평가에서 읽기 점수가 훨씬 높았다".

이 문제가 교육자들에게 맡겨서 될 일이 아니라는 대중의 인식과 더불어 의회도 이 점을 깨닫고는 2000년대 초반에 아동낙오방지법으로 알려진 전면적인 법안을 통과시켰다. 이 법은 빈곤가정 아동을 돕고 미국 내 학교의 개선을 목적으로 한 1965년의 초중등교육법Elementary and Secondary Education Act을 재승인한 것이었다. 이 법에 덧붙여 극빈 지역의 학교에 다니는 아동을 지원하는 기금이 조성되었다. 또한 이 법은 2014년까지 모든 학생의 읽기 능력을 학년 수준에 맞추겠다는 야심찬 목표를 포함하여 단계적으로 높은 목표를 설정했다. 아동낙오방지법에서 학업과 관련하여 가장 중점을 둔 부분은 읽기였고, 특히 읽기에 관한 과학적 연구가 적용되었다.

이 법안의 일부로서 전체 학교와 함께 빈곤가정 아동과 장애아동 등 하위집단에도 기준이 적용되었다. 거의 모든 학생이 목표 점수를 달성하더라도 한 하위집단이 기준에 못 미칠 경우 시정 조치가 필요한 학교로 지목될 수 있었다. 해당 주와 연방정부에서 정한 연간 적정 향상도adequate yearly progress, AYP 기준에 여러 해 동안 미달된 학교는 폐교 조치 대상이 될 수 있었다.[33]

'낙오된' 아동 없이 모든 아동을 성공하게 하려는 이 법안의 목적은 훌륭했지만, 실제로 적용해보니 의도하지 않은 불행한 결과가 드러났다. 2012년 중반까지 미국 내에서 6천 개 이상의 학교가 구조조정 대상이 되는 위기에 직면했다. 이는 이 학교들이 '실패'라고 확인되는 과정을 거쳤고 폐교나 인원 조정을 앞두고 있다는 뜻이었다.[34] 많은 연구자들은 이 법안의 목적을 적용하는 과정이 전혀 성공적이지 못했던 이유를 조사했다. 수많은 문제들이 드러났고, 이후 시행 방식을 바꿔보자는 의견이 제시되었다.

2015년 이 법안은 오늘날 전체학생성공법Every Student Succeeds Act, ESSA이라 불리는 법으로 재승인 받은 뒤 두어 해 지나 시행되었다. 그 결과 연방정부의 감독을 전제로 의사결정 권한이 주정부로 넘어갔으나 시험이라는 난제는 해결되지 않은 상태였다. 아동낙오방지법에서 전체학생성공법으로 옮겨감으로써 연간 적정 향상도로 인한 불이익은 사라지고 있었지만 3학년에서 8학년까지 매년 시험을 봐야 하는 상황은 그대로였다. 강력한 학교 개선 계획을 요구하는 부분이 빠진 것처럼 보이는 전체학생성공법이 아동낙오방지법처럼 정치적 논쟁거리가 될지는 아직 지켜볼 일이다.

배운 점

교육계 종사자들은 읽기 연구의 거대한 기둥에 어떻게 초점을 맞추어야 할지 확실히 알게 되었다. 대학교 강의실에서만 배우고 가르치던 발음, 음소 인식, 유창성, 이해력, 어휘라는 다섯 요소는 전국에서 실시되는 읽기 프로그램의 근간이 되었다.

특히 초등학교 저학년은 주로 발음, 음소 인식, 유창성에 초점을 맞추었다. 이 때문에 모든 읽기 평가는 위의 세 영역에 치중하여 이루어졌고 이해력과 어휘는 통째로 배제되다시피 했다. 이는 꽤 똑똑한 발상이었다. 남녀 학생 모두 처음 3년 동안에는 세 영역에만 초점을 맞추고, 이후 이해력과 어휘에 집중하여 초등학교 과정을 마무리하면 된다는 생각이었다.

하지만 가장 큰 문제는 많은 남학생들이 한 가지 이유로 유창성에서 막히고 4학년과 5학년이 되어도 그 상태를 벗어나지 못한다는 데 있었다. 남학생들은 읽지 않았다. 많이 읽지 않는 것이 아니라, 억지로 읽어야 할 때가 아니면 아예 읽지 않았다.

남학생들은 읽다가 멈춰서 의미를 찾아내고, 단어 수를 세고, 최대한 빨리 읽는 그 과정과 시험에 완전히 질려 있었다. 재미는 눈곱만큼도 없었다. 그뿐만 아니라 교실에 비치된 책들은 남자아이들의 흥미를 끌 만한 것들과 전혀 관련이 없었다. 도서관은 세상을 떠난 지 한참 된 듀이라는 사람이 개발한 방식대로 정리되어 있었고 책 표지는 하나같이 후졌다.

상황을 제대로 보자. 학교에서는 모든 것이 '시험 잘 보기' '내 성적 올리기' '다음에 더 잘하기' '이 시험은 정말 중요해'에만 맞춰진 나머지 남학생들이 시험 때문에 책을 읽을 의욕이 생기지 않는다는 점이 간과되었다. 이래서는 안 된다. 남자아이들은 읽을 수 있다. 그저 읽지 않을 뿐이다.

관련 연구

아동낙오방지법의 핵심은 3학년에서 8학년까지 매년 수학과 읽기 과목에서 표준화된 시험을 보는 것이었다. 모든 읽기 교육 활동이 과학적 읽기 연구에 바탕을 두어야 했음에도, 여기에 쏟은 자금과 모든 개입은 읽기 점수를 거의 높이지 못했다. 다만 수학 점수는 다소 높아졌다. 아동낙오방지법은 어떤 학교가 학생들을 제대로 가르치지 못했는지 확인하는 데는 성공했지만, 그 학교와 교사, 아이들을 도와줄 방법을 찾는 데는 딱히 성공하지 못했다. 모든 상황을 해결하는 만병통치약은 아니었던 셈이다.

아동낙오방지법의 결과는 무엇이었을까? 여기서 간단히 살펴보자.

- 2007년까지 4학년과 8학년의 수학 점수가 조금 높아졌다(Dee & Jacob, 2009).
- 전반적으로 읽기 점수는 높아지지 않았다(Dee & Jacob, 2009).
- 한 연구에 따르면 고등학교 졸업시험이나 결과가 매우 중요한 시험(고부담 시험)은 수감률을 12.5퍼센트 높인다고 한다(Baker & Lang, 2013).
- 1998년에서 2018년까지, 피어슨테스팅(다양한 시험의 시행을 주관하는 기업.—옮긴이)과 많은 주에서 기술적 문제

가 발생했다(Fairtest, 2019).

다음은 더 효과적일 수 있는 대안이다.

- 고등학교의 고부담 시험을 고려하면 시험 점수보다 생활기록부가 대학생활의 성공 가능성을 훨씬 정확히 예측하는 지표임이 발견되었다(FairTest, 2009; Hiss, 2014).
- 프로젝트 기반 학습과 관련 있는 수행 중심의 평가 방식이 뉴욕 퍼포먼스 스탠다즈 컨소시엄에서 매우 성공적인 성과를 거두었다(2013).

한 발 더 나아가기

최근 시험 패러다임에서 발전이 일어나, 학생들이 도달해야 하는 인위적인 점수보다 성장을 더 강조하기 시작했다. 여러 주와 학군들에서는 대안적 평가를 시험해보거나 활용하고 있다. 독서와 학습에 대한 사랑을 되찾아주는 관행이 새로이 주목받으며 등장하고 있다. 지금 당장 교장이 학교를 한가롭게 둘러본다면 함께 일하는 교사들과 아이들도 스톱워치를 내려놓을 수 있을 것이다. 더 나아가 지금이야말로 읽기의 본질인 재미를 어떻게 되찾을지 고민하기 시작할 때인지도 모른다.

남자아이들이 정말로 읽고 싶은 것

13장

학계와 실용적 교육 연구의 세계에서 드물게 완벽하게 진행한 연구가 있다. 팸 패리스 박사와 함께 당시 초등학교 교사 및 대학원생이었던 공동 저자들이 수행한 남학생 독서에 관한 연구였다.

이 연구는 남학생들이 어떤 책에 끌리고 어떻게 책을 고르는지 정확히 밝혀냈다. 몇 년 후 패리스 박사로부터 연구에 관한 매우 자세한 이야기와 함께 남학생들을 독서로 이끌기 위한 노력을 들을 기회가 있었다. 패리스 박사는 늘 남학생들에게 마음이 쓰였다고도 말했다. 남학생들이 여학생들만큼 독서에 푹 빠지지 않기도 했고 박사 자신에게도 아들이 있기 때문이었다.

패리스 박사는 타이틀 I(미국 연방정부에서 지원하는 교육 프로그램.—옮긴이)의 독서지도 교사이자 한 학급의 담임교사로서 다양한 시도를 했다. 이를테면 교장선생님이 교내 방송으로 책을 읽어주게 하거나, 선생님들이 학생들에게 읽어주고 있는 책을 사진 찍어 교실 문에 붙여놓게 하거나, 남학생들을 위해 모은 책 바구니에서 몇몇 책을 뽑아 일부를 읽어줌으로써 책을 '축복'하는 일들이었다. 그러나 이런 전략들은 여학생들에게는 효과적이었지만 남학생들에게 미치는 영향은 미미했다.

교수가 되어 예비교사들에게 남학생을 독서로 이끄는 법에 대해 가르치던 패리스 박사는 자신의 견해를 더 깊이 연구해보기로 했고, 그리하여《메일 콜》(Male Call)이 탄생했다. 패리스 박사와 직접 대화한 후 가장 흥미로웠던 사실은 박사가 연구를 멈추지 않았다는 것이었다. 패리스 박사는 배운 점을 실행했고, 남학생 독자들을 위한 많은 프로그램과 개입 활동을 개발하고 지휘했다.

그중 하나로 패리스 박사와 동료들이 일리노이주 록퍼드 도심의 학교에서 수행한 연구가 있다.[35] 이 학교는 소수민족 학생이 46퍼센트, 무상 혹은 저렴한 비용으로 급식을 제공받는 학생이 64퍼센트를 차지했다. 연구의 초점은 5학년 남학생이었다. 이 연구가 처음에 저자의 주의를 끌었던 점은 대상 학교의 학생 구성이 저자가 일하던 학교와 거의 비슷했기 때문이다. 저자가 일하던 학교는 소수민족 학생이 49퍼센트, 무상 혹은 저렴한 비용으로 급식을 제공받는 학생이 67퍼센트였다. 저자는 연구자들이 어떤 점을 발견했는지 매우 궁금해졌다.

다음은 연구 결과에서 가져온 내용(강조한 부분)에 저자가 학교에서 학생들을 관찰하면서 든 생각들을 덧붙인 것이다.

1. **남학생들은 '멋져 보이는' 책을 골랐다.** 독자들은 이것을 읽으면서 이렇게 생각할 것이다. "뭐가 놀랍다는 거야? 몇 살이든 남자들은 '좋아 보이는' 걸 중요하게 생각하잖아." 교장이자 교사로서 남학생들과 다양한 일들을 경험한 저자는 특히 책을 고를 때 이런 성향이 두드러지게 나타나는 것을 보았다. 누구나 모서리가 해질 때까지 읽고 좋아하는 책이 있지만, 멋진 표지로 꾸며진 새 책보다 첫눈에 확 들어오는 책은 없다.

읽기가 모든 학업 영역에서 성공하기 위한 관문이라면, 독서의 관문은 보는 순간 관심을 잡아끄는 책을 접할 수 있는 환경이다. 5장과 6장에 등장하는 교장은 남학생 서가에 비치할 책을 사기 전에 이 연구에 대해 몰랐지만, 눈에 확 띄는 제목과 멋진 그림이 있는 새 책으로만 서가를 채우고 싶다는 열망이 있었다. 그들이 굳이 최선을 다해 양장본을 구매한 이유는 책이 쉽게 해지지 않고 오랫동안 멋지게 보이기를 바랐기 때문이다.

2. **남학생들은 시리즈나 좋아하는 작가가 쓴 책들을 좋아한다.** 5장과 6장에 등장하는 교장은 자신의 독서 습관이 일반적인 남성의 습관이라고 생각해오지는 않았다. 하지만 패리스 박사의 연구를 접한 뒤 자신이 평생 동안 그와 같은 방식으로 책을 선택해왔다는 사실을 깨달았다. 즉 교장은 헬렌 풀러 오튼의 미스터리 책과 그 작가의 다른 책들을 좋아했고 이후에는 쌍둥이 남매의 모험 이야기인《밥시 트윈스》(로라 리 호프), 형제가 미스터리한 사건을 풀어가는 이야기인《하디 형제》(프랭클린 W. 딕슨), 청소년용 탐정 소설인《세 탐정들》(로버트 아서 주니

어)로 차례차례 넘어갔다.

교장은 남학생들이 시리즈물을 좋아하는 이유가 마치 낡은 신발을 신거나 제일 좋아하는 청바지를 입을 때처럼 편안함을 느끼기 때문이라고 확신했다.

그는 어른이 된 지금도 좋아하는 작가의 책이나 좋아하는 인물이 나오는 책을 읽기 시작하면 금세 편안한 기분이 든다고 했다. 작가의 글 쓰는 방식이나 글의 구조가 편하게 느껴지고 자신이 그 세계에 꼭 들어맞는 기분이 좋다고 말이다.

3. **남학생들은 같은 등장인물들이 계속 나오는 책을 좋아한다.** 어른이 되어도 많은 남성들은 어떤 책을 읽고 작가를 좋아하게 되면 같은 등장인물들이 나오는 시리즈를 모두 읽는다. 긴 액션 및 미스터리 시리즈가 성공하는 이유도 이와 같이 설명할 수 있을 것이다.

현대의 추천도서 목록을 바탕으로 생각해보면 존 샌퍼드의 루카스 대븐포트, 로버트 태넌바움의 부치 카프, 리 차일드의 잭 리처, 톰 클랜시의 잭 라이언 시리즈를 좋아하는 어른들이 있다. 남자아이들은 모험을 즐기는 생쥐인 랠프 S. 마우스를 보고 베벌리 클리어리의 책을 집어드는 경우가 많다. 그러면 수지 클라인의 책에 나오는 호러블 해리, 대브 필키의 책에 나오는 캡틴 언더팬츠에는 눈길을 주지 않게 된다. 참고로 캡틴 언더팬츠 시리즈에 나오는 캐릭터는 1973년 대브 필키가 2학년이었을 때 창조했다.

1960년대에 많은 소년들이 끝까지 읽었던 시리즈가 지금도 남학생들에게 인기 있다는 것은 놀라운 현상이다. 도널드 J. 소볼의 《과학 탐정 브라운》 시리즈가 바로 그것이다. 이 시리즈를 읽는 남학생들은 이야기에 숨은 단서를 이용하여 수수께끼를 풀고 책 뒤쪽에 있는 풀이를 보면서 자기 생각이 맞았는지 확인해볼 수 있다. 1963년에 첫 번째 책이 출간되고 작가 사후인 2012년에 마지막 권이 출간된 이 시리즈는 50년에 걸쳐 탐정 새싹들을 매료해왔다.

4. **남학생들은 짧은 문단 안에 사실과 정보가 들어 있고 사진과 그림을 곁들인 책을 골랐다.** 앞에서 4~5학년 남학생 100여 명이 2주마다 모인 북클럽 BC4Boyz를 소개했다. BC4Boyz에서 가장 인기 있었던 책은 주로 그림과

짧은 문단으로 된 것들이었다. 늘 인기가 높았던 책은 매년 출간되는《기네스북》이었다. 가장 큰 것, 가장 긴 것, 가장 못생긴 것에 대한 책은 언제나 남자아이들을 사로잡는 듯하다.

남학생 북클럽 회원들의 관심을 모았던 또다른 책은 스콜라스틱 출판사에서 나온 '10가지' 시리즈였다. 교장선생님이 가장 많이 이야기하던 책도《가장 통제하기 어려운 신체 기능 10가지》(The 10 Most Uncontrollable Functions of the Body)였다. 1위가 무엇일지 한번 맞혀보기 바란다.

이런 책이 인기 있는 이유를 이렇게 생각해볼 수 있다. 아무 때나 바로 읽을 수 있고, 각 부분이 독립적인 내용이므로 골라 읽고 공유할 수 있으며 계속 붙들고 있지 않아도 된다. 책 전체를 묶어주는 유일한 요소는 '통제하기 어려운 신체 기능' '세계 기록' 등 여러 사실들을 관통하는 공통점이다.

5. **남학생들은 책을 소리내어 읽기를 좋아한다.** 소리내어 읽기 좋은 책 중 닥터 수스의《초록 달걀과 햄》(Green Eggs and Ham)은 늘 인기가 높았다. 2005년 봄, 어떤 선생

님이 교장에게 1학년 학생을 데려와서 이 책을 읽게 해도 되겠느냐고 물었을 때만큼 이 책이 누군가에게 깊은 감명을 준 적은 없었을 것이다.

모든 교사와 교장에게는 이 이야기에 나오는 시미처럼 잊을 수 없는 학생이 있기 마련이다. 교장선생님과 시미 사이에 묘한 우정이 싹튼 것은 시미가 입학한 다음 해부터였다. 처음에는 서로 모르는 사이에 가까웠다. 등교 시간에 학교 로비에서 있던 교장은 시미가 "안녕하세요!"하고 인사를 건네길 바랐지만 시미는 고개도 들지 않았다.

첫 학교생활을 그리 잘해내지 못했던 시미는 1학년을 한 번 더 다니게 되었다. 그때 훌륭한 선생님을 만났다. 새 담임선생님은 시미의 잠재력을 마지막 한 방울까지 끌어내기 위해 곧바로 그 아이에게 다가갔다. 시미는《초록 달걀과 햄》을 아주 좋아했지만 단어가 너무 어려워서 능숙하게 읽지는 못했다. 시미는 매일 이 책을 선생님에게 가져갔고, 선생님도 매일 시미를 도와주었다. 틀린 발음을 고쳐주고 매끄럽게 읽도록 도와주고 혼자서 읽을 수 있도록 참을성 있게 기다려주었다.

마침내 선생님은 시미가 준비되었다고 선언하고, 교장실에 가서 시미가 책을 읽어드려도 되겠느냐고 물었다. 쏜살같이 달려온 시미는 실력만큼 자신감도 높아 보였다. 시미는 이 친숙한 책을 한 단어도 빠뜨리지 않고 감정을 살리면서 매끄럽게 한 장 한 장 읽어나갔다. 누구도 본 적 없는 모습이었다. 시미가 책을 다 읽었을 때 교장선생님은 벅찬 마음을 다스리기 힘들 정도였다. 여러분이 시미를 보았다면 《초록 달걀과 햄》을 읽는 1학년 학생이 아니라 게티즈버그 연설을 하는 링컨 대통령인 줄 알았을 것이다.

6. **남학생들은 이런 질문을 좋아한다. "남자아이들은 어떤 책을 읽고 싶어 하니?"**

패리스 박사와 동료 연구자들은 단순한 질문이 남학생들의 마음을 끌 수 있다는 점을 발견했다. "남자아이들은 어떤 책을 읽고 싶어 하니?" 한 남성 독자가 최근에 수잰 콜린스의 《헝거 게임》 시리즈를 읽은 이유는 꽤 단순했다. 그와 이야기를 나눈 사람들이 모두 그 책을 읽었거나 읽을 예정이라고 했기 때문이었다. 다른 사람들과 마찬가지로 이 남자 역시 한번 읽기 시작하자 시리즈를 전부 다 읽을 때까지 책을 놓을 수 없었다고 한다. 심지어 다 읽고 나서도 더 읽을 것이 있었으면 좋겠다고 생각했다. 한 권, 한 챕터라도 더!

젊은 남성 독자들의 공통점을 잘 보여주는 이 남성 독자에게 다행스럽게도, 수잰 콜린스는《헝거 게임》의 앞 내용을 다룬《노래하는 새와 뱀의 발라드》를 출간했다. 그는 남자아이들이 매우 중요하게 생각하는 행동을 했다. 바로 주변 사람들에게 헝거 게임 시리즈를 꼭 읽어보라고 말하기 시작한 것이다. 남자아이들뿐만 아니라 성인 남성들도 자신보다 큰 집단의 일원이 되는 것을 좋아하기 때문에 다른 남학생들이 읽고 싶어 하는 책은 매력적일 수밖에 없다.

훌륭한 사서 교사라면 남학생들이 좋아할 만한 책을 신중히 골랐을 때 놀라운 일이 일어난다는 것을 이해할 것이다. 남학생들은 자기가 읽고 싶은 책을 공유하기를 좋아한다.

배운 점

패리스 박사의 연구에 대한 언급에서 알 수 있듯, 남학생들은 시리즈물이나 같은 등장인물이 계속 나오는 책을 정말 좋아한다. 많은 이유가 있겠지만 그중 가장 단순한 이유를 생각해보자면, 책에 나오는 등장인물들을 익히는 데 시간이 걸리기 때문일 수 있다. 같은 등장인물이 계속 나오는 시리즈나 줄거리가 이어지는 책을 읽으면 독서가 마치 친구들과 함께 보내는 시간처럼 느껴지곤 한다.

남학생들은 책 속 세계에서 이미 아는 친구들과 함께 즐거운 시간을 보낸다. 남자아이들은 이야기 듣기를 좋아할 뿐만 아니라 이야기를 해주는 것도 좋아하는 사회적 존재다. 그 문을 빠르게 열 수 있는 책이야말로 아이들에게 가장 사랑받고 몇 번이고 다시 읽히는 책이 되는 것이다.

관련 연구

어떤 교육 방식이 효과적이고 효과가 없는지에 대한 연구는 이루 말할 수 없을 정도로 중요하다. 이 책의 저자는 패리스 박사와 동료들의 연구(2009)에 감명 받은 나머지, 남학생들을 독서로 이끄는 방법에 관해 강연할 때마다 이 연구를 언급했다. 이 연구가 그토록 마음에 와닿았던 이유는 일단 정확하고 현실적이라는 데 있고, 또한 저자가 남학생들에게 독서의 즐거움을 일깨워주려고 노력하면서 깨달은 바와 연구 결과들이 모두 일치하기 때문이다.

저자가 강연에서 자주 인급하는 일 중 하나는 교장으로서 25년을 지내왔지만 거의 매일 방과 후 통학버스 옆에 서서 인사를 나눌 때 "교장쌤, 제가 요즘 무슨 책 읽는지 보셔야 해요!"라는 말을 듣는 건 처음이었다는 이야기다. 이보다 더 좋은 일이 있을까!

한 발 더 나아가기

남학생과 독서에 관한 이 현명한 말에 전적으로 동의한다. "남자아이들에게 어릴 때부터 독서하려는 동기를 부여하기 위해 온 신경을 쏟아야 한다. 그들이 계속 독서하게 하는 것은 앞으로의 도전 과제다."[36]

우리와 함께 이 도전을 받아들이지 않겠는가?

이제 실전이다

14장

이 장에서는 지금까지 논의한 사항들을 정리할 것이다. 과거와 현재의 성공을 축하하고 앞으로의 활동에 대해 전반적으로 제안하는 단계다. 어쨌든 독서는 여전히 성공의 토대이고, 바라건대 삶과 문학을 풍요롭게 즐기기 위한 토대였으면 한다.

배운 점

지금까지 강조된 점들을 다시 살펴보자. 남성의 읽기와 쓰기를 장려하는 데 중요한 요소는 다음과 같다. 보기 좋은 책, 시리즈로 된 책, 같은 등장인물이 계속 나오는 책, 시각적으로 끌리는 책(되도록 새 책 혹은 새 책에 가까운 상태), 시각 자료나 사실 중심의 간결한 책, 소리내어 읽기 좋은 책 등은 남학생의 선택에 영향을 준다. 그리고 다시 한번 분명히 말하자면, 우리는 여학생들이 읽기와 쓰기의 여정에서 도움을 받을 자격이 없다고 주장하는 것이 아니라 일단 남학생들의 부족한 점에 초점을 두려는 것이다.

교육자들의 개인적 경험과 연구를 통해 이 책에서 더 생각해봐야 할 점으로 제시한 사항은 다음과 같다.

- 진정성 있게 남학생들과 교류하는 영향력 있는 어른은 그 관계를 통해 아이들을 독서로 이끄는 데 성공할 수 있다.
- 이 영향력 있는 어른은 남학생들의 여러 측면과 관심

분야를 반영하는 방식으로, 그리고 참신한 방식으로 몸소 책에 대한 사랑을 보여줘야 한다.

- 남학생들이 스스로 책을 고르게 하고 '정석적이고 받아들일 수 있는' 책으로 선택권을 제한해서는 안 된다. 가장 중요한 것은 흥미다. (우리는 학부모들에게 아무것도 읽지 않는 것보다 시리얼 상자에 쓰인 글이라도 읽는 편이 낫다고 말한 적도 있다.)
- 한 명의 독자를 길러내는 데는 온 마을이 필요할 때도 있다.
- 남학생들은 그들을 위한 서가에 반응한다.
- 남학생들은 특별히 그들을 위해, 그들의 남성적 관심을 위해 운영되는 북클럽에 반응한다.
- 남학생들은 내용에 충분히 관심이 있으면 때로 어려운 책도 읽을 수 있다. (학년에 비해 학업 능력이 부족한 듯한 학생들도 설명서나 기네스북 같은 책을 탐독하는 것을 생각해보라.)
- 인간관계를 바탕으로 한 적절한 개입은 남학생들에게 매우 효과적일 수 있다.
- 남학생들이 인쇄된 책을 쉽게 접할 수 있어야 한다.

✦ 기대가 중요하다. 교육자와 학부모를 비롯하여 남학생의 읽기와 쓰기 능력에 신경 쓰는 사람이라면 누구든 기대치를 높게 잡고 그것을 성취하도록 도와야 한다.

✦ 시험, 특히 한 번의 시험으로 운명이 갈리는 고부담 시험은 교육이 아니다.

✦ 남학생들을 읽기와 쓰기, 독서를 향한 열정으로 이끌려고 할 때 방향을 잡아줄 방법이 있다.

자, 이젠 뭘 해야 할까? 여러분의 창의력을 발휘하게 해줄 실용적인 아이디어가 있다.

남학생의 읽기와 쓰기 능력, 독서의 즐거움을 확실히 끌어올려줄 방법들

연구 및 제안	실행 방법
진정성 있게 남학생들과 교류하는 영향력 있는 어른은 그 관계를 통해 아이들을 독서로 이끌 수 있다.	• 하루 중 남학생들에게 책을 읽어주는 시간을 계획하라. • 영향력 있는 성인 남성(교장, 코치, 교사, 지역 주민, 고등학교 운동선수, 기타 롤모델)들을 교실로 자주 초대해서 모두에게 책을 읽어주게 하라.
이 영향력 있는 어른은 남학생의 여러 측면들과 관심 분야를 반영하는 방식으로, 그리고 참신한 방식으로 몸소 책에 대한 사랑을 보여줘야 한다.	• 영향력 있는 멘토에게 독서하는 이유와 독서의 즐거움을 보여줄 기회를 제공하고 권장하라(예: 엔진을 수리하거나, 로봇을 만들거나, 취미를 즐기거나 할 때 설명서를 읽는 것).

남학생들이 스스로 책을 고르게 하고 '정석적이고 받아들일 수 있는' 책으로 선택권을 제한해서는 안 된다. 가장 중요한 것은 흥미다.	• 학년 초에 남학생들을 살펴보며 그들의 관심과 흥미를 발견하라. • 반 남학생들에게 흥미를 끌 수 있는 새 책을 학급 문고에 충분히 비치하라. • 같은 책이 여러 권 있으면 좋다! • 남학생들에게 책 앞부분을 읽어주어 나머지도 읽어 보고 싶게 하라.
한 명의 독자를 길러내는 데는 온 마을이 필요할 때도 있다.	• 고정관념에서 벗어나, 도와줄 만한 사람을 찾아보라. 예: 나이가 더 많은 학생들/퇴임한 교사/교직원/지역 사회의 지원(동호회, 대학교 등)/학부모
남학생들은 그들을 위한 서가에 반응한다.	• 도서관 자료와 남학생의 관심사에 관한 조사 자료를 참고로 사서 교사와 협력(학교 특설위원회가 있으면 더 좋다)하여 재미있는 새 책을 주문하라. • 남학생 서가를 홍보하고 전교 차원의 프로그램 등을 통해 열의를 불러일으키라. • 도서관을 재해석해서 활기차고 신나는 공간이 되게 하라. 흥미 영역, 독서 영역 등을 만들어 학교의 모든 사람들이 이용하게 하라.
남학생들은 특별히 그들을 위해, 그들의 남성적 관심을 위해 운영되는 북클럽에 반응한다.	• 관건은 인간관계다. 다시 말하지만 서로의 노력을 지원하고 협력할 수 있는 영향력 있는 어른들로 구성된 인간관계를 형성하라. • 남학생들이 북클럽 운영을 돕게 하라. • 단순하게 운영하되 신나는 분위기를 유지하라.
남학생들은 내용에 충분히 관심이 있으면 어려운 책도 읽을 수 있다.	• 남학생들이 모든 수준의 다양한 책을 접할 수 있게 하라. • 같은 책을 두 번 이상 읽는 것은 나쁘지 않다. 그렇게 함으로써 유창성과 자신감이 높아진다. • 남학생들이 어디에 관심을 두는지 조사하고 발견하라. • 남학생들의 행동과 말을 지켜보라.

인간관계를 바탕으로 한 적절한 개입은 남학생들에게 매우 효과적일 수 있다.	• 다시 한번 말하지만 인간관계가 제일 중요하다. • 리타 피어슨의 말을 인용하면, "아이들은 좋아하지 않는 사람에게서 배우지 않는다". • 의미 있고 효과적이라면 개입은 재미있지 않아도 된다. 남학생들이 스스로 발전 과정을 알 수 있게 하라. 성공은 계속 나아가고자 하는 가장 강력한 동기를 부여한다.
남학생들이 인쇄된 책을 쉽게 접할 수 있어야 한다.	• 광범위하고 규모가 큰 학급 문고를 대체할 수 있는 것은 없다. (교사들이 합의하여 책을 바꿔가며 비치하면 좋다.) • 새 책이라는 것이 중요하다. • 기간 안에 책이 반납되는 것보다 남학생들이 책을 읽고 있다는 사실이 중요하다.
기대가 중요하다.	• 자기실현적 예언은 초반에 싹을 잘라내자. 학생들을 믿으라. • 남학생들은 자신에 대해 높은 기대를 품는 법을 배워야 한다. 학교에서는 특히 독서를 싫어하거나 어려워하는 학생들에게 진정한 리더십을 키울 기회를 줄 수 있다. 이 기회는 실제 필요성과 실제 가능성을 바탕으로 해야 한다. 남학생들은 시혜적인 태도를 금방 감지하고, 그것을 좋아하지 않는다.
시험, 특히 한 번의 시험으로 운명이 갈리는 고부담 시험은 교육이 아니다.	• 여러분 자신을 잘 돌보고, 학생들을 사랑하고, 매일 즐겁게 지낼 방법을 찾으라. 학생들은 여러분의 손길에 맡겨진 어린 정신과 영혼이라는 것을 기억하라. 그러면 나머지는 알아서 잘 돌아갈 것이다.
남학생들을 읽기와 쓰기, 독서를 향한 열정으로 이끌려고 할 때 방향을 잡아줄 방법이 있다.	• 위와 동일.

선생님들만으로는 위에 언급한 아이디어를 전부 실행할 수 없다. 대부분의 선생님들은 관리자, 동료 교사, 교직원, 지역사회의 지원이 필요하다. 교회, 봉사 조직, 대학 등은 빙산의 일각에 불과하다. 창의적으로 생각하고, 여러분의 학교와 교실에 필요한 것들을 만나는 모든 사람에게 말하라. 몇 마디 대화만으로 지원을 받게 될지, 해보지 않으면 모른다.

교육자들에게 이것이 쉬운 일이라고 말하는 사람은 없다. 쉽지 않다. 하지만 이 길은 그 무엇보다 보람 있는 직업 중 하나다. 오늘날 학교의 요직에 있는 직원들과 교사들은 학생들에게 점점 더 많은 일을 해주어야 한다.

성인으로서 할 수 있는 가장 위대한 일 중 하나는 독서 애호가로서 훌륭한 모범이자 기억할 만한 영향력 있는 어른이 되어, 책에 대한 영원하고 진정한 애정과 감사를 남자아이들에게 전해주는 것이다. 토미와 브랜든과 이 책에서 언급한 모든 학생들은 이런 믿음의 산 증인이다. 그 덕분에 더 나아졌으니 말이다.

참고문헌

Adams, J.E. (2012), *A History of Victorian Literature*, John Wiley & Sons.

Allen, L. (April 26, 2018), "Reading aloud to older students: Benefits and tips", *Wisconsin English Journal*, 60(1).

Allyn, P. (2011), *Best Book for Boys*, Scholastic Press.

Allyn, P. & Morrell, E. (2016), *Every Child a Super Reader*, Scholastic Press.

Anne Lee Wissinger, former vice president, Scholastic Publishers.

Arthur, R. (1964~1987), *The Three Investigators Series*, Penguin Random House.

Baker, O. & Lang, K. (2013), *The Effect of High School Exit Exams on Graduation, Employment, Wages and Incarceration*. (http://www.nber.org/papers/w19182)

Benjamin, R.G. & Schwanenflugel, P.J. (2010), "Text complexity and oral reading prosody in young readers", *Reading Research Quarterly, 45*(4), 388~404.

Boatman, A. & Long, B.T. (2018), "Does remediation work for all students? How the effects of postsecondary remedial and developmental courses vary by level of academic preparation", *Educational Evaluation and Policy Analysis, 40*(1), 29~58. (doi: 10.3102/0162373717715708)

Brooks, R. (2001), "Fostering motivation, hope, and resilience in children with learn\-ing disorders", *Annals of Dyslexia*, 51, 9~20. (https://

doi-org.proxy.bsu.edu/10.1007/s11881-001-0003-4)
Child, L. (1997~2019), *Jack Reacher Series*, Penguin Random House.
Clancy, T. (1984~2013), *Jack Ryan Series*, Penguin Random House.
Claybourne, A. (2010), *The 100 Most Disgusting Things on the Planet*, Scholastic Press.
Cleary, B. (1965~1982), *Ralph S, Mouse Series*, Harper Collins.
Clinton, V. (2019), "Reading from paper compared to screens: A systematic review and meta-analysis", *Journal of Research in Reading, 42*(2), 288~325.
Cohen, S. (1969), "Minority stereotypes in children's literature: The Bobbsey twins, 1904~1968", *The Educational Forum, 34*(1), 119~125.
Collins, S. (2008~2010), *The Hunger Games Series*, Scholastic Press.
DaSilva, R. (2008), *The 10 Most Uncontrollable Functions of the Body*, Rubicon Publishing.
Dee & Jacob (2009), ww.vox.com/2015/7/27/9045491/no-child-left-behind-accountability.
Dixon, F.W. (1927~), *Hardy Boys Series*, Penguin Random House.
Dr.Seuss (1960), *Green Eggs and Ham*, Random House.
Eisenhower, D.D. (1967), *At Ease: Stories I Tell to Friends*, Eastern Acorn Press.
Fairtest (2008), https://www.fairtest.org/what-no-child-left-behind-law.
Fairtest (2009), High school grades better predictors of college graduation, *FairTest Examiner*. (http://www.fairtest.org/high-school-grades-better-predictors-college-gradu)
Farris, P.J., Werderich, D.E., Nelson, P.A. & Fuhler, C.J. (2009), "Male call: Fifth-grade boys' reading preferences", *The Reading Teacher*, 63, 180~188. (doi:10.1598/RT.63.3.1)
Fisher, D., Frey, N. & Lapp, D. (2012), *Text Complexity: Raising Rigor in Reading*, International Reading Association.
Gentrup, S., Lorenz, G, Kristen, C. & Kogan, I. (2020), "Self-fulfilling

prophecies in the classroom: Teacher expectations, teacher feedback and student achievement", *Learning and Instruction, 66*, 1~17. (doi.org/10.1016/j.learninstruc.2019.101296)

Guinness World Records (2013.5.23), "*Wheel of Fortune's Vanna White Honored as Most Frequent Clapper.*"

Hamer, L. & Johnson, G.D. (2019), "Clues to reversing the school-to-prison pipeline: Portrait of a scholar", *Urban Review*. (https://doi.org/10.1007/s11256-019-00544-z)

Hiss, W. (2014), *Defining Promise: Optional Standardized Testing Policies in American College and University Admissions*. (http://www.nacacnet.org/research/ research-data/nacac-research/Documents/DefiningPromise.pdf)

Kajzer, Jackie & Lotring, Roger (2010), Ozzy Osbourne's "Crazy Train", In *Full Metal Jackie certified: The 50 most influential metal songs of the '80s* (p.43), Course Technology.

Kinney, J. (2007~2021), *Diary of a Wimpy Kid Series*, Puffin.

Kline, S. (1988~2015), *Horrible Harry Series*, Viking Books/Penguin Random House.

Kroger Company Foundation Grants Program. (http://clearlearngrants.com/the-kroger-company-foundation-local-grants-available)

Layne, S. (2009), *Igniting a Passion for Reading: Successful Strategies for Building Lifetime Readers*, Stenhouse Publishers.

Lynch, C. (2011), *I Pledge Allegiance: A Viet Nam War Story*, Scholastic Press.

Maberry, J. (2010), *Rot and Ruin*, Simon and Schuster.

Meyer, S. (2005~2008), *Twilight Series*, Little, Brown and Company.

Miller, D. (2009.10.18.), "Boy Year", *Education Week*. (https://www.edweek.org/education/opinion-boy-year/2009/10)

Morgan, A., Wilcox, B.R. & Eldredge, J.L. (2000), Effect of difficulty levels on sec\-ond-grade delayed readers using dyad reading, *Journal of*

Educational Research, 94(2), 113~119.

National Reading Panel (2000), *Eunice Kennedy Shriver National Institute of Child Health and Human Development, NIH, DHHS*, Report of the National Reading Panel: Teaching Children to Read: Reports of the Subgroups (00-4754), Washington, DC: U.S. Government Printing Office.

New York Performance Standards Consortium, *Educating for the 21st Century*. (http://performanceassessment.org/articles/DataReport_NY_PSC.pdf)

Newkirk, M. (1941), A venture into free reading, *Ohio Schools* (October), 328~329.

Newkirk, T. (2002), *Misreading Masculinity: Boys, Literacy, and Popular Culture*, Heinemann Publishing.

Newkirk, T. (2006), Media and literacy: What's good? *Educational Leadership, 64*(1), 62~66.

Orton, H.F. (1949), *Mystery in the Pirate Oak*, Scholastic Press.

Ozzie Osbourne's Crazy Train: Kajzer, Jackie; Lotring, Roger (2010), *Full Metal Jackie Certified: The 50 Most Influential Metal Songs of the '80s, Course Technology*, p.43, ISBN 978-1-4354-5441-5.

Pattison, J., ed. (1955~), *Guinness Book of World Records*, Jim Pattison Group Publishers.

Peer Assisted Learning Strategies (PALS). (https://iris.peabody.vanderbilt.edu/module/pals26; https://iris.peabody.vanderbilt.edu/module/palshs/)

Pierson, Rita (2013), "Every Kid Needs a Champion". (https://www.youtube.com/watch?v=SFnMTHhKdkw)

Pilkey, D. (1997~2015), *Captain Underpants Series*, Scholastic Press.

Pryor, Ian (2003), *Peter Jackson: From Prince of Splatter to Lord of the Rings*, Random House.

Rawls, W. (1961), *Where the Red Fern Grows*, Doubleday.

Reilly, Neumann & Andrews (2019), Gender differences in reading and writing achievement: Evidence from the National Assessment of Educational Progress (NAEP), *American Psychologist*, 74(4), 445~458. (doi:10.1037/amp0000356)

Smith, M.W. & Wilhelm, J.D. (2002), *Reading Don't Fix No Chevys: The Role of Literacy in the Lives of Young Men*, Portsmouth, NH: Heinemann.

Smith, M.W. & Wilhelm, J.D. (2006), *Going with the Flow: Improving Literacy Learning for Boys (And Girls Too!)*, Portsmouth, NH: Heinemann.

Smith, S. L. (2018), "Will raising the bar result in greater reading growth?", 미발표 논문.

Sobol, D. J. (1963~2012), *Encyclopedia Brown Series*, Yearling Publishers.

Solis, S. (2020.4), Coronavirus in Massachusetts: Gov. Charlie Baker holds off on deciding when schools will reopen, says he can't 'wave magic wand'. (https ://www.masslive.com/coronavirus/2020/04/coronavirus-in-massachusetts-gov-charlie-baker-holds-off-on-deciding-when-schools-will-reopen-says-he-cant-wave-magic-wand.html)

Sullivan, A. & Brown, M. (2013), Social Inequalities in Cognitive Scores at Age 16: The Role of Reading (CLS Working Papers 13/10), Centre for Longitudinal Studies, Institute of Education, University College London, London, UK.

Tatum, A. (2013), *Fearless Voices: Engaging a New Generation of African American Adolescent Male Writers*, Scholastic Press.

Tolkien, J.R.R. (1988)[1937], Anderson, Douglas A. (ed.), *The Annotated Hobbit*, Houghton Mifflin Company.

Tolkien, J.R.R. (1954), *Lord of the Rings*, Houghton Mifflin Company.

Vance, J.D. (2016), *Hillbilly Elegy*, Harper Collins.

Vox (2015), https://www.vox.com/2015/7/27/9045491/no-child-left-behind-accountability

Wang, S., Rubie-Davies, C.M. & Meissel, K. (2018), "A systematic review of the teacher expectation literature over the past 30 years", *Educational Research and Evaluation, 24*(3-5), 124~179. (doi: 10.1080/13803611.2018.1548798)

Weinraub, Bernard (1986.4.15), "U.S. jets hit 'terrorist centers' in Libya; Reagan warns of new attacks if needed", *The New York Times*.

Wiegand, Wayne A. (1996), *Irrepressible Reformer*, Chicago: American Library Association. ISBN 978-0838906804, OL 965418M, 083890680X.

Wilhelm, J. & Smith, M.W. (2014), *Reading Unbound: Why Kids Need to Read What They Want and Why We Should Let Them*, New York: Scholastic.

Wilhelm, J.D., Bear, R., & Fachler, A. (2020), *Planning Powerful Instruction: 7 Steps to Transform How We Teach -and How Students Learn*, Grades 6~12, Thousand Oaks, CA: Corwin.

로버트 K. 태넌바움(Robert K. Tanenbaum) 소설 29권, 비소설 3권 등 32권의 책을 쓴 작가이다.

맬컴 X(Malcolm X) 흑인 민권운동 시대에 명성을 떨친 인물이다. 흑인 공동체의 통합 대신 분리를, 비폭력 대신 폭력을 통한 자기방어를 옹호하여 주류 민권운동에 새로운 관점을 제시했다.

멜빌 듀이(Melvil Dewey) 미국의 사서이자 자칭 '개혁가'였다. 미국 도서관협회의 창립 회원으로서, 도서관과 사업체의 카드 관리 시스템 시행에 공헌했다고 평가할 수 있다.

밥시 쌍둥이(The Bobbsey Twins) 미국 아동소설 중 가장 오랫동안 사랑받은 시리즈의 주인공이다. 작가는 로라 리 호프(Laura Lee Hope)라는 필명으로 이 시리즈를 썼다. 72권 중 첫 권은 1904년에, 마지막 권은 1979년에 출간되었고 여러 다른 시리즈 30권은 1987년에서 1992년 사이에 출간되었다. 이 시리즈는 밥시 집안 아이들의 모험을 다룬 이야기로, 낸과 버트라는 열두 살 난 이란성 쌍둥이와 플로시와 프레디라는 여섯 살 쌍둥이가 등장한다.

배리 J.M.(Barrie J.M) 많은 희곡과 문학 작품을 썼다. 《피터팬》을 비롯하여 그와 관련된 인물들을 창조해낸 것으로 유명하다.

북토크(Book Talks) 다른 사람들에게 어떤 책을 읽도록 설득하려는 목적으로 책을 간단히 소개하는 것이다. 딱딱한 독후감이나 서평이 아니고 설명보다 설득에 가까우며, 일종의 광고라고 볼 수도 있다.

식스 8 본명은 이선 버치(Ethan Birch)이고 동기부여 강연자이자 래퍼다. 인디애나주 포트웨인 출신으로 인디애나 대학교를 졸업했고 동기부여 강연자, 내레이터, 상업 미술가로서 미국 중서부에서 인기가 높다. 여러 학교의 교육자들에 따르면 버치는 학생들이 만난 강연자 중 단연 최고였다고 한다. 힉스빌 고등학교의 교사는 이렇게 적었다. "이선은 20년 넘게 만나본 초청 강연자 중 최고예요!" 캥커키밸리 고등학교의 교사는 이렇게 적었다. "이선은 활력이 넘치고 대단한 강연자입니다. 진심에서 우러나는 이야기로 학생들에게 엄청난 의욕을 불어넣어주거든요!"

알렉산더 런던 C.(C. Alexander London) 아동, 10대, 성인들을 위한 책을 25권 이상 썼고 200만 부 이상의 판매량을 기록했다. 아동 서적인 《도그 태그》(Dog Tags), 《전쟁의 흐름》(Tides of War), 《뜻밖의 모험》(Accidental Adventures) 시리즈, 《39 클루스》(39 Clues) 중 두 권을 썼다.

앨런 보이코(Alan Boyko) 전 스콜라스틱 북페어 의장.

앨버트 아인슈타인(Albert Einstein) 20세기에 가장 영향력 있던 과학자로 꼽힌다. 아인슈타인의 연구는 오늘날에도 천문학자들이 중력파에서 화성의 궤도에 이르는 온갖 연구를 진행하는 데 기여하고 있다.

우주왕복선 챌린저호 참사 1986년 1월 28일, 미국 우주 프로그램 진행 중 일어난 치명적인 사고. 우주왕복선 챌린저호는 발사된 지 73초 만에 폭발하여 승무원 7명이 모두 사망했다. 승무원 중 다섯 명은 나사 소속 우주비행사였고 두 명은 탑승 과학 기술자였다.

자폐 스펙트럼(ASD) 미국 질병통제센터는 자폐 스펙트럼에 대해 다음과 같이 밝힌다. "ASD는 사회성, 의사소통, 행동에 심각한 문제를 일으킬 수 있는 발달장애이다. ASD에 해당하는 경우 겉으로 보기에는 별다른 점이 없어 보이나 의사소통, 상호작용, 행동, 학습 방식이 대다수의 사람들과 다를 수 있다. ASD에 해당하는 사람의 학습, 사고, 문제 해결 능력은 영재 수준에서 심각한 결함 수준에 이르기까지 다양할 수 있다. 일상생활에 많은 도움이 필요한 경우도 있고, 덜한 경우도 있다."

잭 리처(Jack Reacher) 짐 그랜트가 리 차일드라는 필명으로 쓴 시리즈의 주인공이다.

존 샌드퍼드(John Sandford) 퓰리처상을 수상한 저널리스트 존 캠프의 필명이다. 샌드퍼드의 작품으로는 루카스 데븐포트가 등장하는 '프레이'(Prey) 시리즈, '키드'(Kidd) 시리즈, '버질 플라워스'(Virgil Flowers) 시리즈 외 6권의 책과, 배우자인 미셸 쿡과 공동 집필한 3권의 영어덜트 소설이 있다.

톰 스위프트(Tom Swift) 청소년 과학소설과 모험소설이 포함된 6개 시리즈의 주인공이다. 이 시리즈는 과학·발명·기술을 중점적으로 보여주며, 1910년에 처음 출판되었고 총 100권 이상으로 구성되어 있다. 2007년까지도 이 시리즈에서 새로운 책이 출간되었다. 대부분 톰의 발명 이야기가 주된 내용이며, 전반적으로 과학과 과학기술의 영향을 아주 이로운 것으로, 발명가를 사회에서 아주 존경받고 영웅적인 존재로 그린다.

팀 블레어 박사(Dr. Tim Blair) 센트럴플로리다 대학교 명예교수. 센트럴플로리다 대학교(UCF)에 재직하던 22년 동안 교육대 부학장이자 교수로서 읽기 및 쓰기를 가르쳤다. 올랜도 지역 센터에서 무료로 UCF 읽기

캠프를 창설하고 진행하는 등 읽기 및 쓰기에 진지한 열정을 불태웠다.

〈파이트 클럽〉 불면증에 시달리는 이름 없는 주인공의 경험을 그린 영화다. 불면증이 고통스러운 병이 아니라는 의사의 말에, 주인공은 심각한 병에 걸린 체하며 환자 모임에 여러 번 참석하여 위안을 얻는다. 그러다 타일러 더든이라는 묘한 남자를 만나 과격한 심리 치료의 일환으로 비밀스러운 격투 클럽을 만든다.

피터 잭슨(Peter Jackson) 뉴질랜드의 영화감독이자 제작자, 각본가이다. 3부작 영화인 〈반지의 제왕〉 및 〈호빗〉의 감독·작가·제작자이고 두 작품 모두 J.R.R. 톨킨 원작인 동명의 소설을 각색한 것이다. 잭슨 감독은 이 영화들로 전세계에서 65억 달러(약 8조6천억 원) 이상의 수익을 올렸고, 이는 역대 영화감독 수익 3위에 해당한다.

SRI 렉사일(Lexile) 방식으로 독해력을 측정하는 평가시험이다. SRI는 스콜라스틱, 피어슨, CTB/맥그로힐, 리버사이드 출판사에서 개발하여 널리 이용되는 여러 평가 수단을 포함하여, 40가지 이상의 읽기 평가와 프로그램으로 렉사일 지수를 측정한다. 연말 주 평가시험에서도 이런 방식을 채택하는 경우가 늘고 있다.

주

1 London, 2011.
2 Going with the Flow, 2006.
3 Smith & Wilhelm, 2002, 2006.
4 예컨대 Wilhelm et al., 2020.
5 Sullivan & Brown, 2013.
6 p.34.
7 2020년 1월 29일, 사적 대화.
8 Tatum, A., 2005, p.33
9 Tatum, A., 2005, p.34.
10 Pam Allyn, 2011, p.15.
11 Brooks, 2001.
12 Fisher, Frey, & Lapp, 2012.
13 Boatman & Long, 2018.
14 Hamer & Johnson, 2019; Skinner, Pitzer, & Steele, 2016.
15 Thomas Newkirk, 2002, p.xvi.
16 2009년 2월 12일, 사적 대화.
17 Matt De La Pena, London, 2011.
18 Thomas Newkirk, 2002, p.xv.
19 Newkirk, 2006, p.63.
20 Thomas Newkirk, 2020년 6월 1일, 사적 대화.

21 Newkirk, 2006, p.65.

22 Lisa Allen, 2018.

23 Reilly, Neumann & Andrews, 2019.

24 Benjamin & Schwanenflugel, 2010; Morgan, Wilcox & Eldredge, 2000; Smith, 2018.

25 Fisher, Frey, & Lapp, 2012; Smith, 2019.

26 Clinton, 2019.

27 Wang, Rubie-Davies & Meissel, 2018.

28 Gentrup, Lorenz, Kristen & Kogan, 2018.

29 London, 2011.

30 London, 2011.

31 Newkirk, 1941.

32 Solis, 2020.

33 Fairtest, 2008.

34 Vox, 2015.

35 Farris, Werderich, Nelson, & Fuhler, 2009.

36 Farris et al., 2009, p.187.